현대복싱교본

현대레저연구회 편

太乙出版社

챔피언으로 가는 길

복싱(Boxing)의 기본기술은 아마추어나 프로의 경우나 모두 같다. 다만 한가지 다른 점이 있다면 그것은 바로 연습 정도의 차이일 뿐이다.

같은 기술을 가지고 반복해서 갈고 닦는 '노력'의 차이가 아름다운 풋웍과 몸의 밸런스에 영향을 주며, 펀치의 다양한 구사력에도 영향을 미친다고 생각한다.

연전연승(連戰連勝), 뛰어난 리듬으로 상대방을 기술적인 공격의 테두리 속에 몰아세워 신화적인 존재가 된 세계 헤비급 챔피언 래리·홈즈(미국)는, '지금도 나는 왼쪽 잽을 몇 번이고 반복하여 연습하는 가운데 몸 전체의 밸런스를 자연스럽게 유지하고 있다. 복싱의 비결은 바로 끝없는 연습에 의해 자신의 몸에 대한 리듬감을 최대로 살려나가는 데 있다'고 말한다.

복싱의 기술은 결코 한정되어 있지 않다. 그것은 또한 결코 공식화(公式化)될 수 있는 성질도 아니다. 상대와의 관계에 따라서 지극히 자연스럽게 창조되지 않으면 안되는 화끈한 스포츠인 것이다.

복싱은 연습량에 따라 그 기술이 달라진다고 볼 수 있다. 똑 같은 시간이라 할지라도 연습량에 따라 기술의 습득과 응용력에 차이가 난다.

점점 강하게, 같은 동작을 매일 반복하여 갈고 닦는 일이 바로 성공의 열쇠라고 할 수 있다. 당신도 노력하면 세계 챔피언이 될 수 있는 것이다.

이 책은 복싱의 초보자가 챔피언이 될 수 있는 비결을 소개한 복싱 교본이다. 열심히 노력하여 꿈을 이룰 수 있기를 빈다.

편저자 씀

차 례*

*차 례

3 강해지는 비결

1 복싱의 기초지식

누구나 복싱은 할 수 있다

●끈기 있게 하자

복싱이라고 하는 스포츠는 일견 쉬운 것처럼 보이지만 실제는 깊이가 있는 스포츠다.

인스턴트의 연습에서는 복싱의 기술의 정수(正粹)를 다하기에는 매우 어렵다. 더구나 프로·복서가 되기에는 장기간의 고통스러운 노력이 필요하다. 그러므로 의지가 약한 사람에게는 절대로 권장하지 않는다. 복서로서 성공하느냐 못하느냐는 오직 강한 끈기가 열쇠가 된다.

●프레이저의 결의

복서에게 불가결한 이 의지의 힘으로 훌륭하게 성공한 대표적인 복서의 한 사람으로서 세계 헤비급 챔피언 죠·프레이저(미국)의 예를 소개해 보겠다.

그는 미국 남부의 전형적인 빈농의 가정에서 태어났다.
형제가 13명, 거기다 16세 때 이미 어릴 때부터의 친구였던 프로렌스와 결혼을 한 조숙한 면도 있었다.

결혼하면 두 사람의 생활비는 스스로 벌지 않으면 안된다. 두 사람은 동부의 도시에 일자리를 찾아 빈곤지대를 탈출했다. 죠는 도살장의 노무자, 프로렌스는 타이피스트로서 얼마 되지 않는 수입으로 생활하면서도 오직 장래의 행복을 꿈꾸며 열심히 일했다.

그런데 죠가 마지막에 내린 결단은'가난한 흑인에게 허용되는 탈빈곤(脫貧困)의 유일한 길은 복서가 되는 것 이외에는 없다'고 하는 것이었다.

거기다 필라델피아라고 하는 대도시에서 생활하게 되면서부터 자신의 좋지 못한 체격에도 열등감을 가지기 시작했다. 세련된 스마트한 도시인에 비해서 어릴 때부터 비대했던 자신의 엉덩이나 허벅다리가 무척 추악하게 느껴졌던 것이다.

그래서 어릴 때부터 남몰래 동경하고 있었던 '흑인들의 우상' 죠·루이스를 더욱 더 동경해 왔던 것이다.

'죠·루이스처럼 복싱에서 잘 성공하면 민족의 영웅이 되고 부자가 될 것이다. 거기다 날씬한 몸을 가지게 될 것이다.'

날씬한 몸은 젊은 사람들이라면 누구나 생각하게 되는 소박한 소원이며 또 '복싱의 영웅'이라고 하는 꿈을 꾸게 되는 것도 미국 흑인들의 평균적인 탈빈곤의 '돌파구'의 하나이기도 했다.

이렇게 하여 죠는 미국의 도시에 흔히 있는 PAL(경찰체육연맹)에 다니기 시작하였다. 이것이 죠와 복싱과의 최초의 만남이었다.

●왕자의 비밀

죠에게 처음으로 복싱의 ABC를 가르쳐 준 사람은 그와 같은 흑인 얀시·다람이라고 하는 트레이너였다. 다람이 죠에게 복싱을 가르쳐 주기 시작하여 놀란 일이 하나 있었다.

그것은 몸도 비대하여 거기다 운동신경도 예민하지 못했던 것이다. 그러나 강한 그 집념은 주위의 사람들을 놀라게 하고 남음이 있었다. 사실 그는 끈기 있고 한 번 결심하면 절대로 굽히지 않는 강한 의지의 소유자였다.

그래서 다람은 생각했다. '죠의 이 강고한 의지를 살리고 어떻게 하든 미국 제1의 강타자로 키워보자' 다람이 겨눈 것은 '센스가 없으면 없는대로 이미 가지고 태어난 성격과 파워를 100% 발휘시키자'는 것이었다.

'펀치는 생태의 소질 뿐만 아니라 트레이닝에 따라서 만들어낼 수 있다' 이러한 다람의 생각과 죠 자신의 확고한 결의가 마치 부자간의 인연처럼 맺어진 것이었다.

그 후 죠는 도쿄 올림픽에서 금메달을 획득하고 아마추어의 왕좌에 오르게되자 곧 프로로 전향하여 챔피언의 길을 쫓기 시작하였다.

치고치고 또 치는 독특한 '스모키권법'으로 염원의 왕좌에도 오르고, '탈빈곤'의 목적을 이루었으나 그 원동력은 다람과의 콤비가 예상 이상으로 잘 맞았다는 것을 알 수가 있다.

●자신에게 맞는 스타일을 선택한다.

복싱이라고 하는 스포츠에서는 어떤 일류 선수가 되어도 기초적인 기술은 매일 연습하여 연마하지 않으면 안된다.

기술만은 언제나 녹이 슬지 않도록 빛이 나고 있어야 한다.

프레이저는 절대로 기술이 좋은 복서는 아니다. 불굴의 투지로 자신의 개성에 맞는 파워를 추구하면서 펀치로서의 정진(情進)을 거듭하여 챔피언의 자리를 획득한 노력가라고 할 수 있다.

프레이저처럼 초인간적인 펀치가 출현하면 강타가 복싱의 모든 것이라는 것처럼 착각한다. 또 두뇌적인 이른바 '사이엔티퀵크·복서(=솜씨 있는 복서)'가 나타나면 펜시적인 복서를 추구하는 소리가 일어나기 쉬운데, 복서를 지망하는 사람은 어디까지나 자신의 성격이나 몸에 적응되는 기술과 스타일을 완성해 나가야 한다.

프랑스의 명선수 죠즈·칼펀치는 일본인처럼 허벅다리의 근육이 너무 발달되어 있어서 경륜(競輪) 선수로서는 좋으나 복서로서는 적합하지 않다고 말하고 있었다.

그러나 칼펀치는 이 허벅다리의 강한 근육을 잘 이용한 허리의 회전운동으로 저 유명한 '윗프·펀치'라고 하는 오른쪽 스트레이트의 KO 펀치의 타격법을 고안해 내었다.

이와 같이 복싱의 성부를 결정하는 열쇠는 자신의 특징을 충분이 살리느냐 그렇지 못하느냐에 달려 있다.

●복싱을 즐기자

흔히 화제가 되는 일이 있는데 아마추어의 '기술' 은 프로의 그것에 비하여 열등하다고 판단하는데 이것은 타당하지 않다. 기술이라고 하는 점만에 한정한 경우 아마추어 가운데서는 같은 조건으로 싸운다면 프로보다 기술이 능가하는 선수가 세계에는 많이 있을 것이다.

단 하나 확실하게 말할 수 있는 것은 프로에는 프로로서의 강렬한 직업의식이 있다고 하는 것이다. 이것이 아마추어에 비교해서 고통스

트레이닝, 오른쪽 잽이 잘 뻗고 있다.

러운 연습에 견디고 나가는 인내력과 자신(自信)을 보다 강하게 하고 있다.

그 결과로서 일반적으로는 아마추어와 프로의 실력 차이로 되어 나타나는 것이다.

기술의 순수성만을 추구하는 목적으로 복싱을 할 경우에는 아마추어로서도 충분히 그 목적을 달성할 수 있을 것이다.

그 아마추어 가운데는 학교의 대표선수가 되는 것이 목적이 아니고 복싱을 단순한 보건적인 레크레이션으로서 즐기는 사람이라도 좋을 것이다. 이러한 사람들이 복싱을 보건운동으로서 즐기게 됨으로서 비로서 복싱 인구의 저변이 크게 넓어져 가는 것이 아닐까.

학교나 크럽 등에서 복싱의 초보를 배우고 그것을 토대로 하여 매일의 운동으로서 샤드·복싱이나 다미치기를 집에서나 크럽 등에서 즐기면서 몸을 단련하는 사람들이 더욱 더 증가되어도 좋다고 생각한다.

이와 같이 실제로 복싱을 해보고 이해할 수 있는 팬이 많아지면 '보는 복싱'도 더욱 더 많아질 것이다.

아마추어와 프로의 차이

●프로는 기술 플러스 알파도

아마추어, 프로의 해석은 시대와 함께 다르지만 일반적으로는 아마추어는 순수한 취미로서 스포츠를 하는 사람을 말하고, 프로는 금전적인 보수를 목적으로 하는 스포츠라고 말하고 있다.

따라서 아마추어는 순수한 기술만을 추구하여 시합에서는 그 기술과 스포츠맨쉽을 발휘하면 된다. 그것을 위해 선수의 건강관리나 시합에서의 반칙 행위에는 특별히 엄하고, 심신의 페어가 요구되고 있다.

그러나 기술이나 경험을 '자본화'하는 프로선수의 경우, 다만 표면적인 테크닉 뿐만으로는 팬을 만족시킬 수는 없다.
당연히 팬을 강렬한 인상으로 끌어들이는 특색을 겸비하고 있지 않으면 안된다.

그것은 노련한 데크닉, 박력 있는 펀치의 힘, 또 긴 시합을 싸워나가기 위한 뛰어난 시합 운영상의 스테미너에 있다. 또 때에 따라서는 시합을 번성시키기 위하여 '연기력'도 필요할 때가 있을 것이다.

이처럼 프로 선수는 아마추어의 몇 배의 노력이 필요하며,영광의 자리에 오르기 위해서는 소질 외에도 엄격한 연습을 이겨나갈 수 있는 강한 의지와 체력을 소지하고 있지 않으면 안된다.

그것을 위해서도 복서로서의 토대를 확고하게 닦아나간 아마추어 선수의 경험을 쌓아 놓는 것이 바람직하다.

●룰(규칙) 의 차이

아마추어와 프로의 룰의 차이는 다음과 같다.

①——시합의 복장

아마추어는 런닝셔츠와 팬티를 착용하지만,프로는 팬티만 입고 상반신은 나체이다.

또 아마추어의 쥬니어에서는 뱃드·기어를 사용하지 않으면 안된다.

②——링과 글러브

링은 16~20 피이드 4방으로 로프의 수는 아마추어는 세 개, 프로는 네개. 글러브는 프로는 6온스(웰터급까지)와 8온스(미들급 이상) 또 반데이지의 양은 아마추어는 프로보다 적다.

③——시합 회수

1라운드의 시간은 아마추어·프로 모두 같은 3분이지만,라운드 수는 아마추어는 3라운드제. 프로는4·6·8·12·15라운드로 갈라져 있고,동양 선수권은 10라운드,세계 선수권은 15라운드로 정해지고 있다.

④——채점방법

아마추어는 20점법이지만 프로는 5점법, 10점법 등이 있다. 채점 기준으로서 주목되는 것은 다운은 프로의 경우에는 큰 포인트가 되지만,아마추어에서는 한 번의 크린·힛트로밖에 평가되지 않는다.
또 아마추어에서는 무승부가 없다.

⑤——체중과 계급

체계에 대해서는 아마추어는 12계급, 프로는 13계급으로 되어있다.

아 마 추 어	
모스키이트급	45kg 까지 (주니어부만)
라이트·프라이급	48kg까지
프라이급	51kg까지
벤 텀 급	54kg까지
페 더 급	57kg까지
라이트급	60kg까지
라이트·웰터급	63.5까지
라이트 미들급	71kg까지
미들급	75kg까지
라이트·헤비급	81kg까지
헤비급	81kg이상
웰터급	67kg까지

프 로	
쥬니어·라이트급※	48.99kg까지
프라이급	50.80kg까지
벤 텀 급	53.52kg까지
쥬니어·페더급※	55.34kg까지
페 더 급	57.15kg까지
쥬니어·라이트급※	58.97kg까지
라이트급	61.25kg까지
쥬니어·웰터급※	63.50kg까지
웰 터 급	66.68kg까지
쥬니어·미들급※	69.85kg까지
미 들 급	72.57kg까지
라이트·헤비급	79.38kg까지
헤 비 급	79.38kg까지

복싱의 반칙 (AAU 자료)

①넘어져 있을 때의 공격

②벨트・라인보다 밑을 치는 로・블로.

③무릎으로 찬다.

④몸 정면과 측면 외의 곳을 친다. 키드니・블로 (배골과 허리의 선이 교차되는 데 있는 신장이 있는 자리)를 치는 것은 대표적인 반칙.

⑤이 그림은 머리의 버팅이다. 어깨나 팔꿈치로 찌르는 것도 버팅의 반칙이 된다.

⑥후두부나 목 밑을 친다.

⑦팔꿈치로 친다.

⑧글러브를 펴고 친다.

⑨한 손으로 상대의 목 등을 잡고 다른 손으로 친다.

⑩홀딩을 하면서 친다.

⑪상대에게 기대는 일.

⑫씨름 행위

⑬쌍방이 씨름 행위를 해도 반칙

⑭앞발로 친다.

⑮벨트・라인보다 밑에 기대는 일.

⑯벨트・라인보다 낮게 더킹하는 일.

⑰앞팔로 그림처럼 상대의 얼굴을 미는 일.

⑱한손 또는 두 손으로 로프를 잡고 그 반동 등을 이용하여 상대를 치는 일.

⑲크린칭을 했을 때 양팔과 양손을 상대의 겨드랑이 밑에 넣어 똑바로 뻗는 일.

⑳겨드랑이 밑에 상대의 손을 끼는 것은 홀드 반칙.

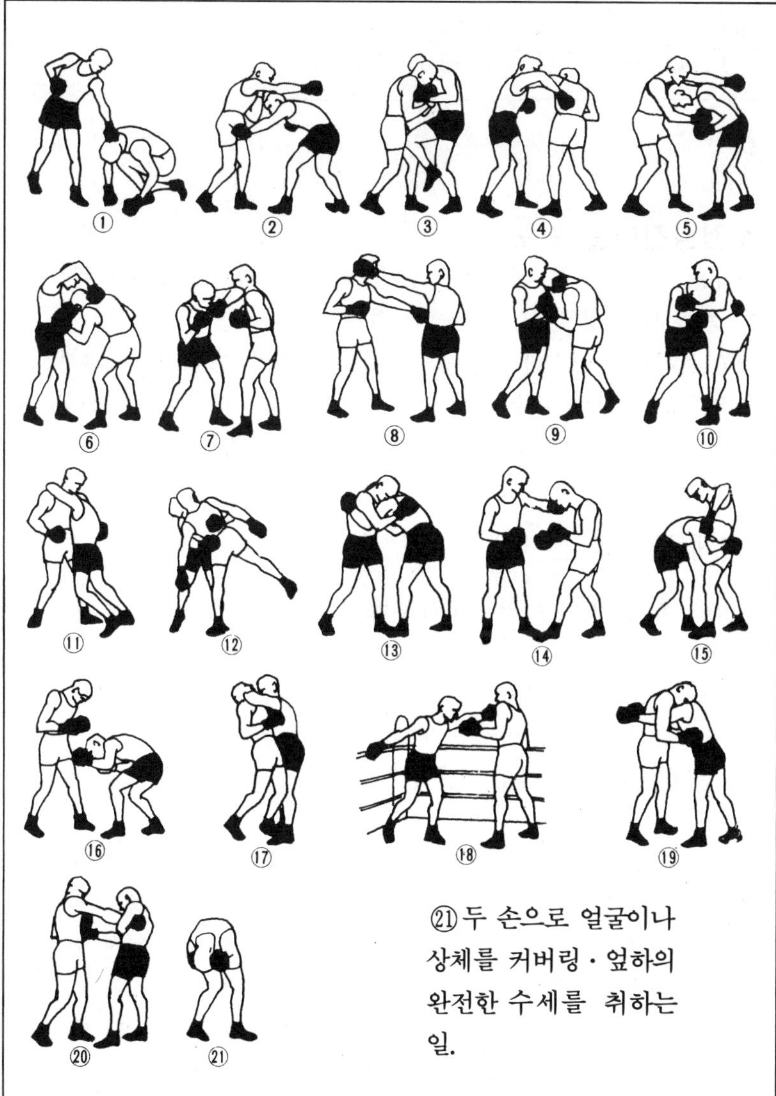

㉑두 손으로 얼굴이나 상체를 커버링·엎하의 완전한 수세를 취하는 일.

주 그림으로 해설한 것은 아마추어 국제규약의 것이다. 프로의 반칙 규정도 대체로 이 도해(図解)의 것과 흡사하지만 각국마다 반칙 판정에는 약간의 차이가 있는 경우도 있다.

복싱을 시작할 때

●건강진단을 받도록

복싱을 시작할 것을 결심하면 무엇보다 먼저 해야할 것이 있다. 그것은 몸 전체의 정밀검사를 받아야 하는 일이다.

아무리 외견상 건강하게 보여도 몸에 선천적인 결함이나 잠재적인 병이 있으면 복싱과 같은 심한 스포츠는 지극히 위험하다. 해보려고 생각하는 자기 진단은 자살행위와 같은 것이며, 꼭 의사의 허가를 받고나서 시작해야 한다.

● '체육관'의 선택

복싱을 할 수 있다는 의사의 OK가 나오면 곧 그 연습장을 정해야 한다.

학생으로서 학교에 복싱부가 있으면 들어갈 수 있도록 신청한다. 복싱부가 없으면, 또 일반인이라면 자택에서 가깝고 다니기 편리한 '체육관'에 들어가면 된다. 개인용 복장 도구까지 갖추어져 있으면 그날부터 복싱을 시작할 수가 있다.

마을의 체육관을 선택하는데 있어서 유명선수가 있는가 없는가에는 구애받지 말고 ① 체육관 경영자의 인격 ② 경험이 풍부하고 친절한 트레이너, 코치진(陣)이 있는가 ③ 연습장의 시설이 갖추어져 있는가 등을 감안하여 결정하는 것이 현명하다.

실력과 인기가 있는 유명 복서가 있다고 해도 직접 가르쳐 준다고 믿을 수는 없다. 또 가령 가르쳐 준다고 해도 꼭 가르쳐주는 방법이 좋다고 할 수가 없다. '명선수는 반드시 명코치가 있어야 한다는 법은 없다'고 하는 말을 기억해 주기 바란다.

될 수 있으면 정식으로 체육관에 들어가기 전에 실제로 그 체육관을 견학해 보는 것이 좋다. 체육관의 분위기나 시설등을 잘 보고나서 기

A. 펀칭·백

스피드·펀칭이라고도 한다. 펀치를 치는 목쪽(目側)을 강하게 할 뿐만 아니라 치는 근력(筋力)을 증대시킨다.

B. 샌드백

복싱의 펀치의 정확성과 그 근력을 기르는 연습구.

▶ 체육관에서 연습하는 알리

분 좋게 연습할 수 있는가를 충분히 확인해 보는 것이 좋을 것이다. 체육관에서의 훈련이 필요한 시설이나 기구는 대체로 다음과 같은 것이다. 이러한 것이 완비되어 있는가를 체크해 놓는 것도 체육관을 평가하는데의 포인트가 된다.

① 스파링을 하는 링
② 연습 후에 땀을 씻을 수 있는 샤워(온·냉수)
③ 펀칭·백
④ 샌드·백
⑤ 벽에 붙인 체어스트·웨트(프리라고도 한다)
⑥ 스트라킹·매트
⑦ 미지신·볼
⑧ 전신을 볼 수 있는 큰 거울

●용구(用具)의 선택법

연습장(체육관)이 결정되면 연습에 필요한 개인 용구를 갖추지 않으면 안된다. 용구를 선택할 때의 요점을 말해 두겠다.

①—신발

발에 맞는 편상(遍上) 복싱 ·슈즈를 새로 맞추는 것이 좋다. 테니스화나 농구화로서도 연습은 할 수가 있으나 이러한 종류의 신바닥은 미끄러지지 않도록 되어 있기 때문에 풋워어크의 연습을 시작하게 되면 불편하다. 복싱·슈즈의 신바닥은 풋워어크를 하기 쉽도록 엷은 가죽으로 되어 있다.

② — 양말

보통 양말보다 두꺼운 순모제. 스키나 골프용으로도 된다.

③—셔츠

단추가 없는 T셔츠형이 좋다. 중고품이라도 충분하다.

④ 트렁크

⑤ 사뽀오타

⑥ 논파울·프로택터

하복부를 보호하기 위한 방구(防具)

⑦ 마우스피스

헤드·기어와 마우스피스

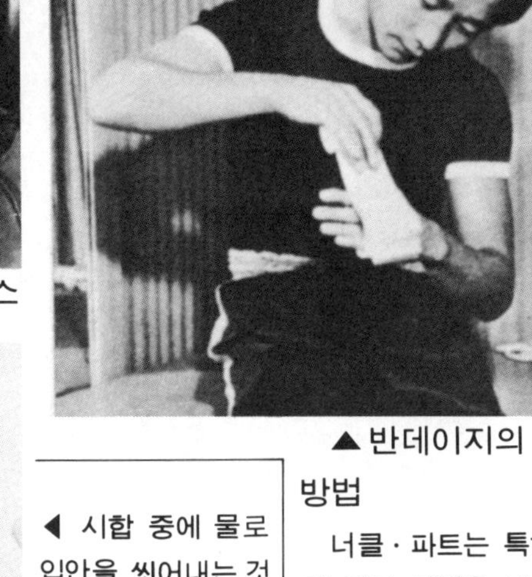

▲반데이지의 감는 방법

너클·파트는 특히 두껍게 감고 관절을 보호한다.

◀ 시합 중에 물로 입안을 씻어내는 것은 테이프 등을 감아 찢어졌을 때의 위험을 방지한다.

⑧ 반데이지

⑨ 헤드·기어

귀·머리를 보호하기 위해서 쓰는 것.

⑩ 스킷핑·로프

⑪ 펀칭·백용 글러브

이 외에도 로드 웍에는 내의 위에 땀을 흡수하기 위한 두꺼운 광목 내의를 입고 그 위에 쉐터를 착용한다. 바람이 강한 날에는 거기다 아노랏크를 착용하면 좋다. 거기다 중고품이라도 좋으니 단단한 편상화와 머리에 쓰는 두건이 있으면 충분하다.

또 런닝 중에 발이 걸려 넘어질 듯한 일이 있어 발목을 다치게 되기

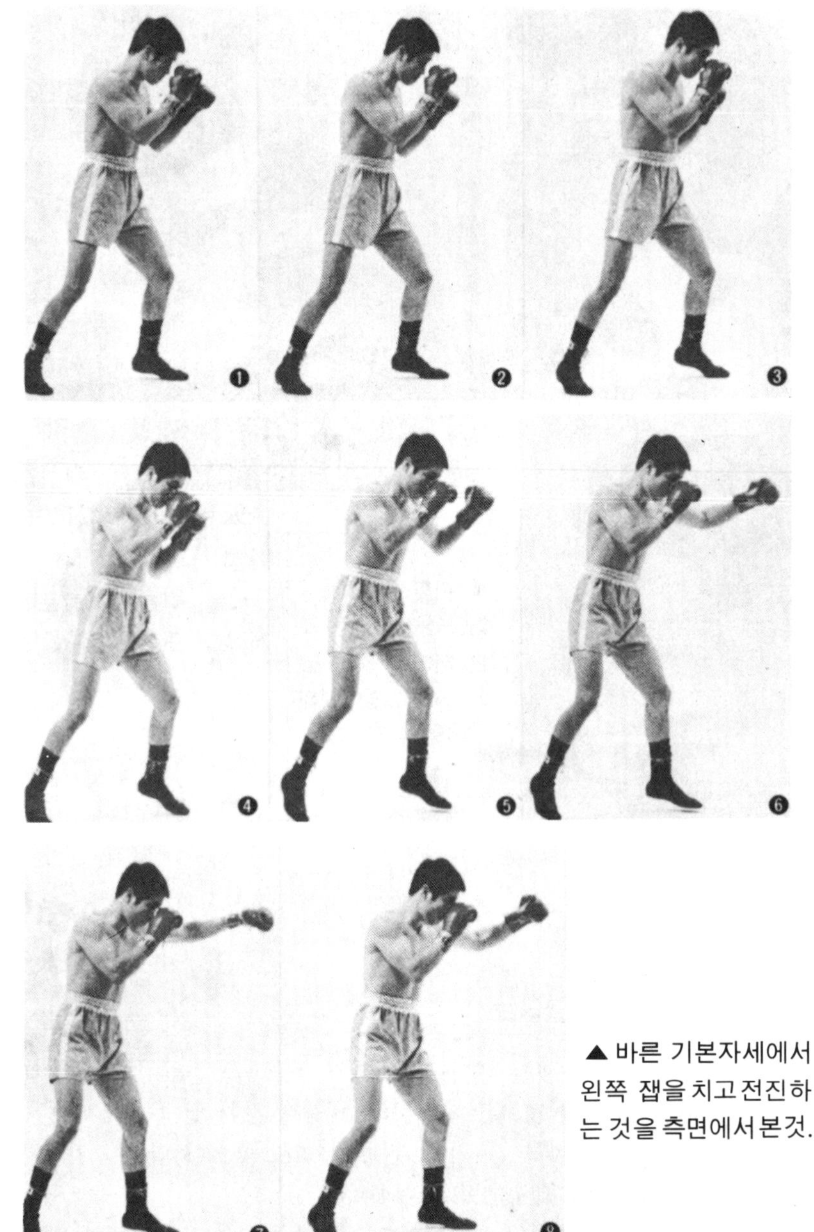

▲바른 기본자세에서 왼쪽 잽을 치고 전진하는 것을 측면에서 본것.

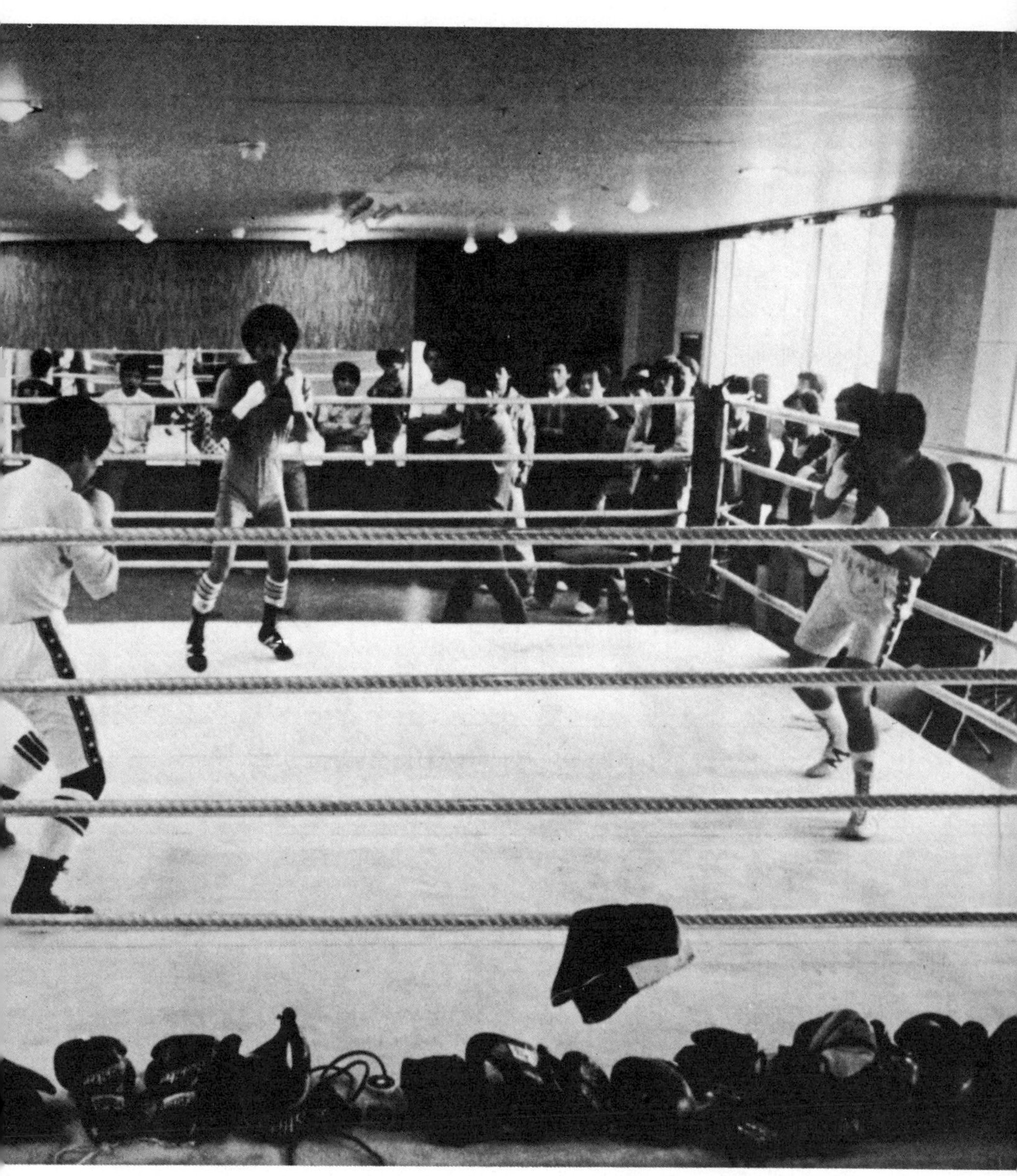

▲링 안에서의 새도우·복싱

쉬우므로 될 수만 있으면 스키용 에프터·부츠같은 편상화가 있으면 좋다.

●반데이지는 바르게

연습을 시작하기 전에는 반데이지를 감는 방법은 꼭 정확하게 배워 놓아야 한다. 스파링은 물론 펀칭·볼, 샌드백을 칠 때에는 꼭 반데이지로 주먹을 보호하지 않으면 안된다.

주먹은 복서의 '생명' 인만큼 처음부터 코치나 트레이너로부터 확실하게 배워놓아야 한다.

●연습 후의 행동

심한 연습을 마치면 샤워를 하기 전에 뜨거운 물에 담그어 놓았던 큰 타올로 몸에서 발산하는 땀을 충분히 닦아낼 것. 땀이 완전히 나올 때까지 5분정도 조용히 쉬고 스위트·아웃을 한다. 그 후에 샤워를 한다.

온수 샤워가 없으면 냉수. 샤워가 없으면 타올로 건포(乾布) 맛사아지를 하고 나서 옷을 갈아 입도록 한다.

■ 아마추어 규정의 반데이지를 감는 방법

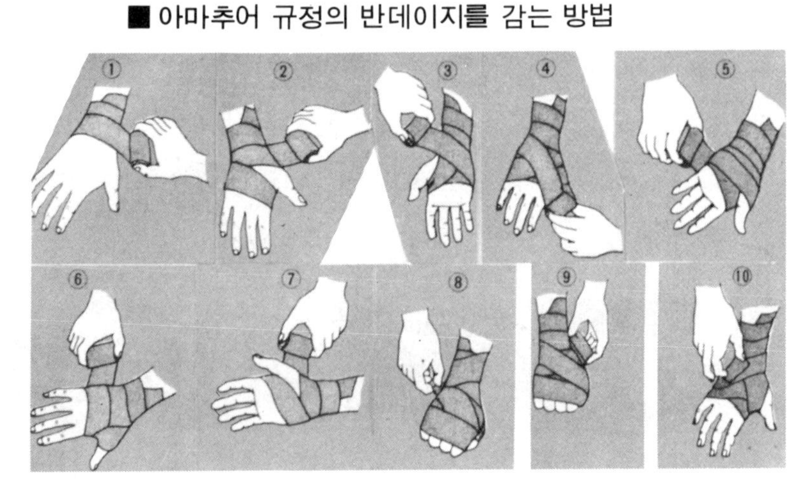

자세를 바르게

어떤 스포츠에서도 바른 자세가 기본으로 되어 있다. 특히 복싱은 기본자세(판다멘털·스텐스)가 중요하며 그 좋고 나쁜가에 따라서 복서의 장래가 결정된다고 해도 과언은 아니다.

아뭏든 토대는 확고하게 해놓지 않으면 안된다. 몸 전체의 느낌(필링)으로 체득해야 한다.

●양발의 모양

보통 오른손잡이인 사람의 경우의 요령은 다음과 같다. 이른바 오소독스·스타일이라고 부르고 있는 자세로서 왼손잡이는 이 반대로 하면 된다.

①보통으로 걷고 있는 것처럼 편한 자세로 서서 왼발을 가볍게 한발 앞(약 35~45㎝)에 내딛는다.

■ 프로의 반데이지를 감는 방법

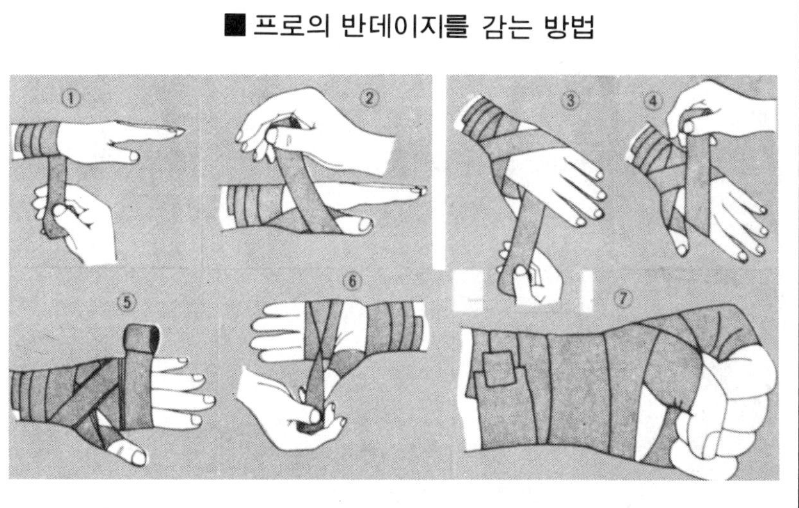

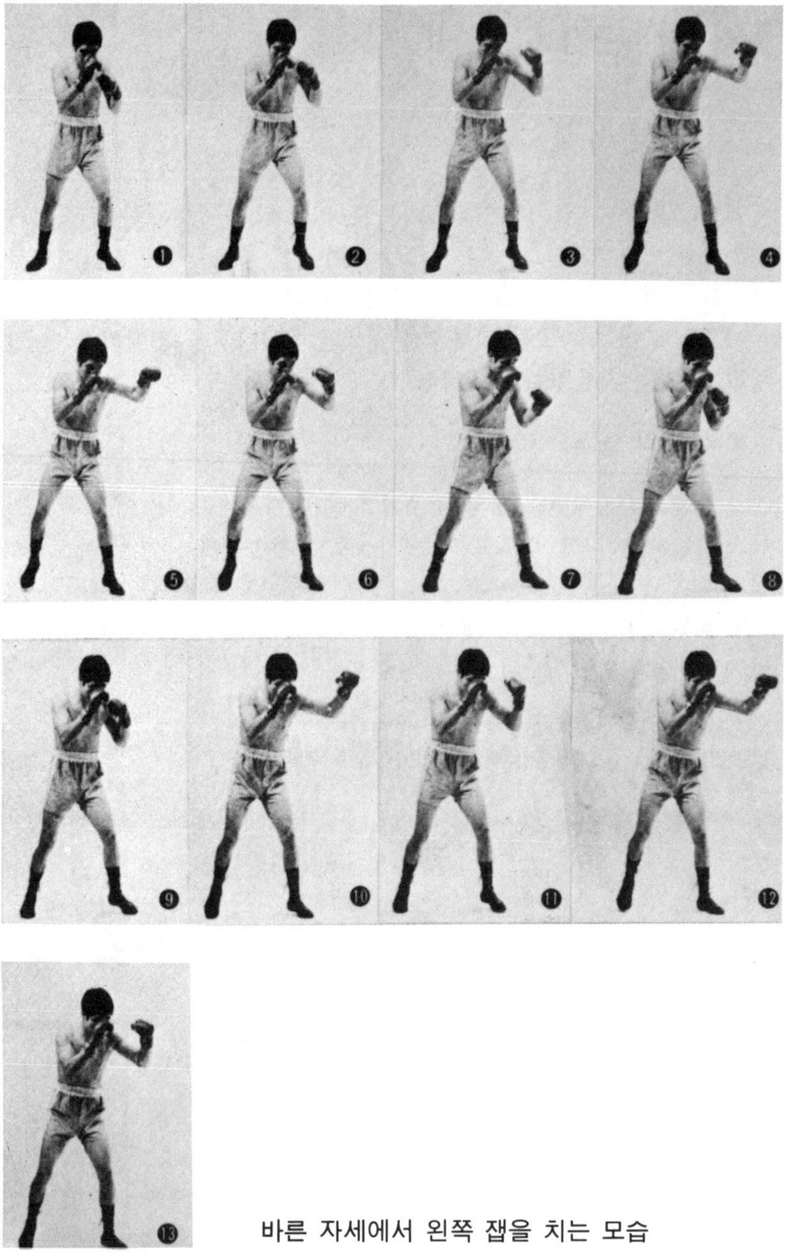

바른 자세에서 왼쪽 잽을 치는 모습

②한 발 앞으로 낸 왼발은 발끝을 약간 오른쪽으로 하고 그대로 바닥에 붙인다.

③오른발(뒤에 있는 발)은 왼발 뒤의 약 40도의 각도로 연다. 그 외 오른쪽으로 약간 내리고 왼발로부터 약 25cm 떨어진 위치에 왼발과는 반대로 발꿈치를 올리고 발끝으로 가볍게 선다.

④이 경우 오른발의 발 끝은 왼발에 나란히하고 약간 오른쪽으로 향하게 하여도 좋고 똑바로 정면으로 향하게 하여도 좋다.

⑤양발의 보폭이나 각도는 신장에 따라서 달리하게 하는 것이 필요하며 여기에서 말한 숫자는 신장167cm정도의 사람을 표준으로 한 것이다.

●구부리고 펴보자

양발의 스탠스가 고정되면 자세 그대로 무릎을 굴신(窟伸) 해 보자. 구부렸을 때 상체가 동요되는 것은 오른발의 위치가 바르지 않을 때 일어나기 쉽다.

편하게 굽히고 펼수 있도록 조절하는 것이 필요하다.

무릎은 항상 편하게 할것. 그렇지 않으면 근육이 경직되어 빠른 동작을 취할 수 없다.

●양손의 대비

양발의 위치가 고정되면 양손의 대비 모양을 생각해 보자.

①왼손의 주먹을 가볍게 쥐고 팔꿈치를 굽히고 왼쪽 어깨 높이에 올린다.

주먹과 어깨의 간격은 오른손의 손바닥을 완전히 폈을 때의 엄지손가락과 새끼손가락의 넓이가 적당하다. 앞으로 너무 내거나 또 어깨에 너무 가까이 하면 좋지 않다.

주먹의 손바닥부분은 오른쪽으로 향하도록 한다. 왼팔 팔꿈치는 왼쪽 복부를 커버한다.

②오른손은 가볍게 열고 턱을 지키는 듯이 턱에서 약 6cm 떨어진 위치에 둔다. 이 때 팔꿈치는 왼쪽 팔꿈치처럼 오른쪽 복부를 커버할

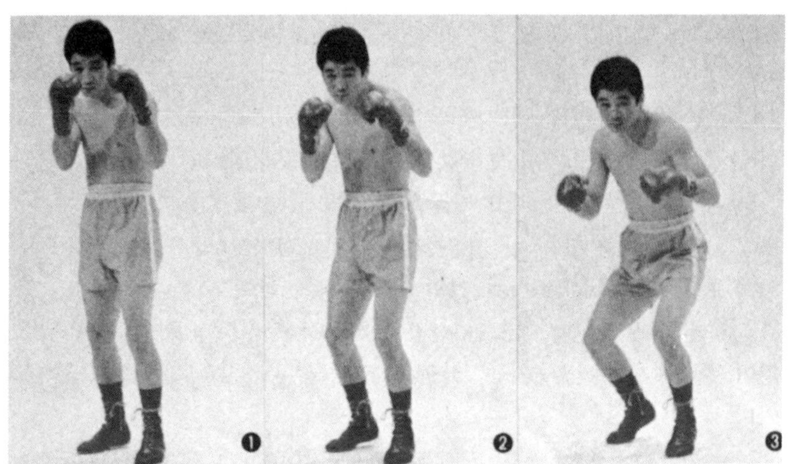

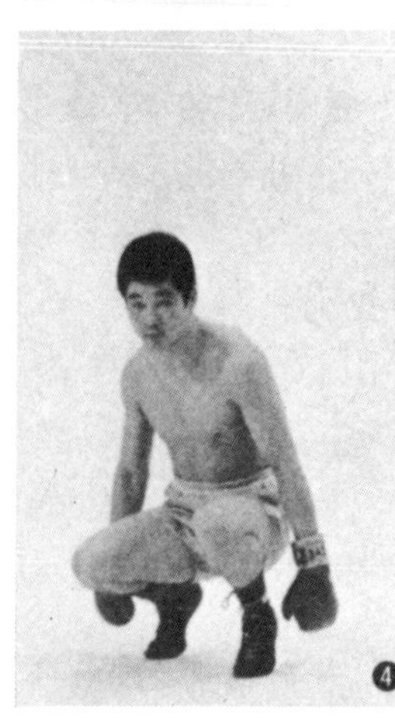

①「엎라이트 · 스탠스」 이 자세가 가장 표준적이다.

②약간 상체를 앞으로 굽힌「세미 · 크라우치 · 스탠스」

③세미 · 크라우치를 더 좀 앞으로 굽힌「풀 · 크라우치 · 스탠스」 주로 인파이트를 할 때 사용한다.

④이상과 같은 스탠스를 취한 그대로 사진처럼 앉아보면 자신의 밸런스 상태를 알 수 있다. 이상하다는 느낌이 들면 오른발의 위치를 고치고 스탠스를 조절한다.

수 있도록 한다.

③손의 위치가 정해지면 왼쪽어깨를 오른쪽 어깨보다 약간 높이 올리고 턱을 충분히 뺀다. 상대가 턱을 겨냥하고 공격해 오더라도 이 왼쪽 어깨에서 지킬 수 있도록 가볍게 굳힌다.

●특수한 자세

이상은 엎 · 라이트 · 스탠스라고 하는 표준적인 자세이다. 초보자는

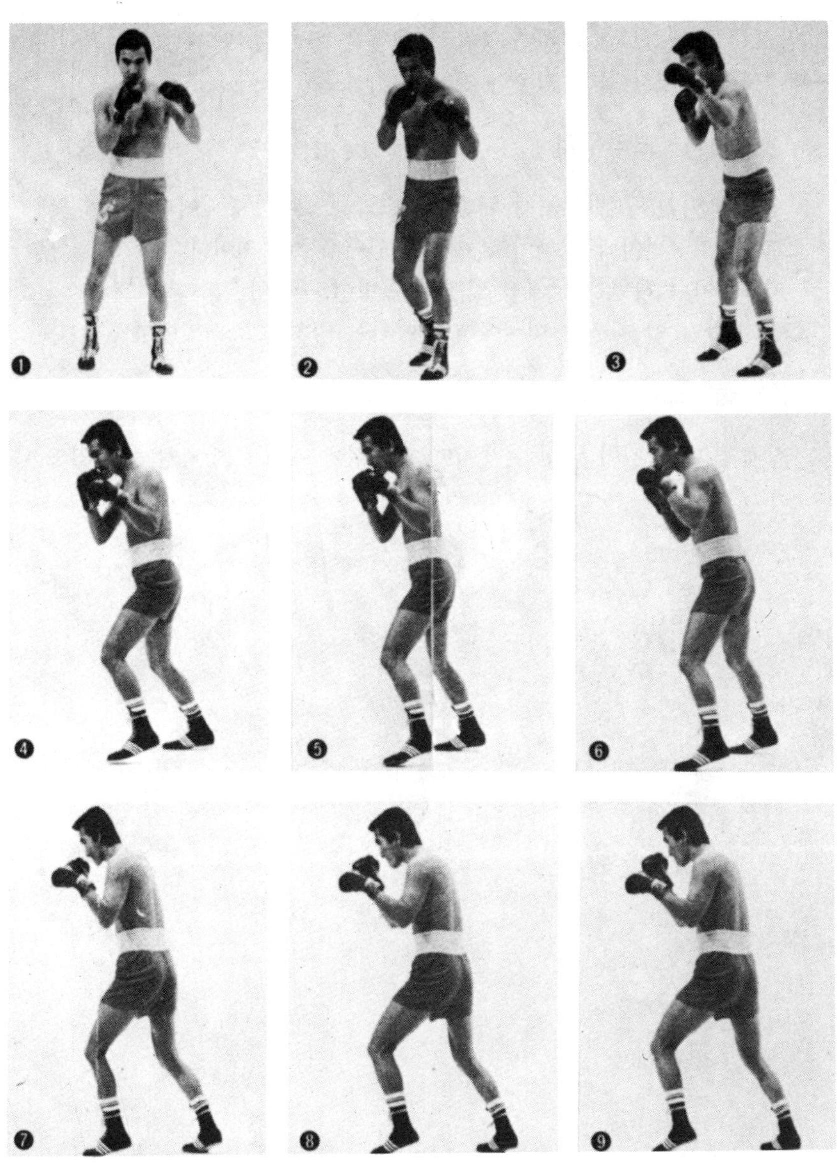

▲업 · 라이트의 바른 자세를 정면 · 측면 · 사면 · 후면에서 본 것.

꼭 표준 스탠스로 출발하여 충분히 연습을 쌓은 후에 자신의 성격이나 체격에 맞추어서 몸에 적응한 자세를 취하도록 한다.

① 세미 · 크라우치

상체를 약간 구부린 자세. 체중이 약간 앞으로 편중되어 있기 때문에 스트레이트 · 펀치에는 웨이트가 실려 있어서 효과적이다.

어느쪽이냐 하면 영국에서 발달해온 방어 주체인 엎 · 라이트 · 스탠스에 비하며, 이 자세는 미국에서 좋아하는 공격용 스타일이다.

② 풀 · 크라우치

상체를 더욱 깊이 굽힌 자세이며 접근전에 위력을 발휘할 수 있도

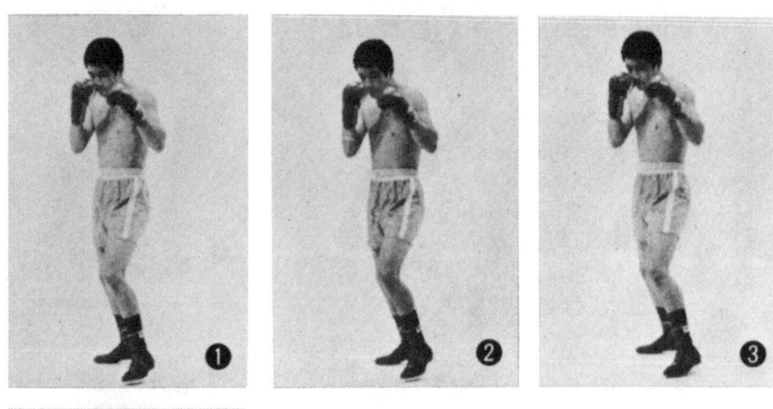

▲「엎 · 라이트」의 스탠스로 전진하는 모습

록 고안된 자세이다. 보빙이나 위빙(방어 페이지 참조)하여 상대에 접근하여 훅으나 어퍼커트로 공격하는데 절호이다.
이 자세를 로·크라우치라고도 한다.

●자세는 리랙스하게

어떤 자세에도 제일 주의해야할 것은 몸을 항상 편한 상태에 리랙스 시키는 일이다. 몸의 근육을 긴장시킬 때는 펀치를 칠 때 뿐이다.

주먹도 몸처럼 펀치를 칠 때를 제외하고는 가볍게 쥐고 리랙스시켜 놓는다. 또 몸의 중심(重心)은 양발에 동등하게, 가볍게 거는 것이 중요하다. 이와 같은 모든 리랙스 상태가 이상적인 공방(功防)의 밸런스를 만들어내는 열쇠가 된다.

▲세미·크라우치의 스탠스로 전진하는 모습

▲더욱 상체를 구부린 '풀 · 크라우치· 스탠스'로 상대에게 접근전을 도전해 가는 모습

▶엎 · 라이트의 스탠스

■ 서로 마주본 자세

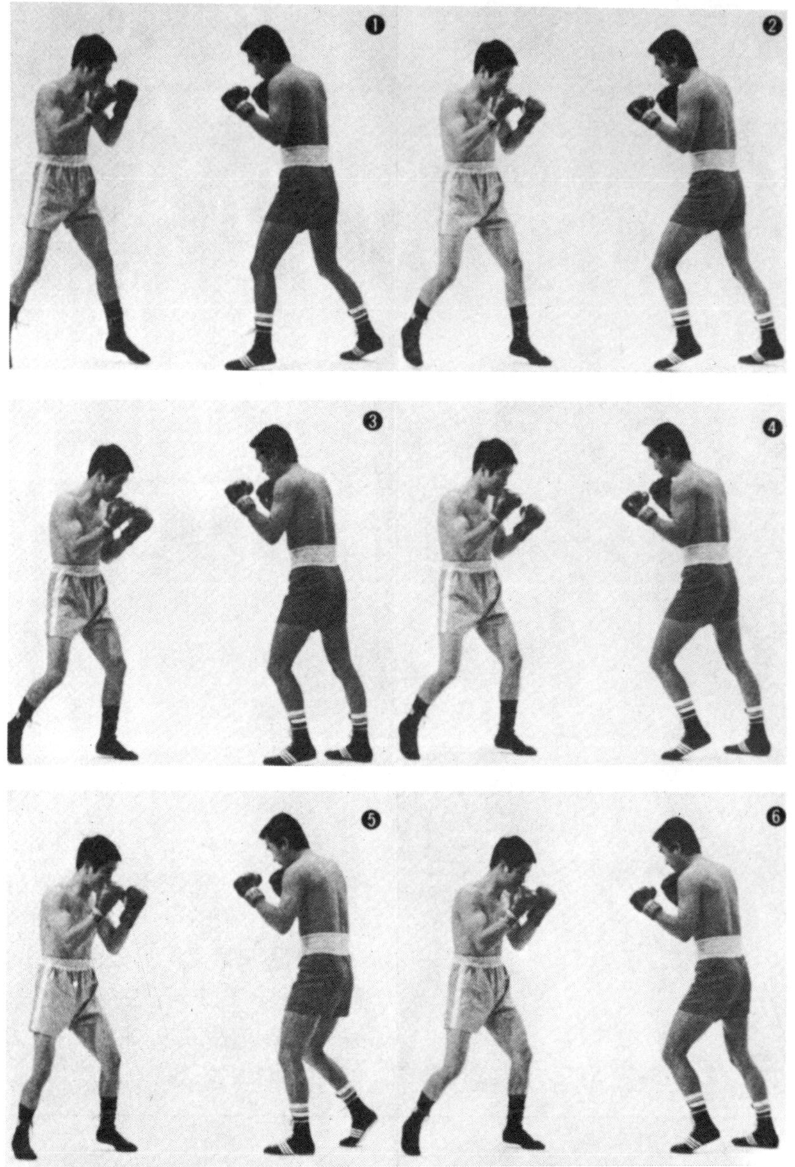

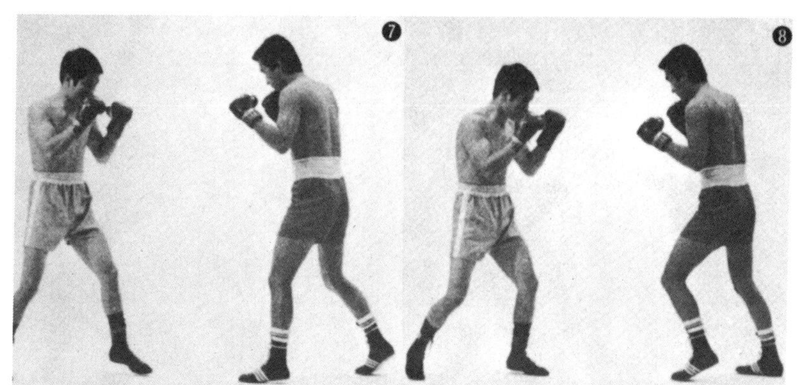

두 사람 모두 칠 수 있는 거리에 들어 있지 않으나, 모두 왼쪽 잽을 치려고 겨누고 있다. 정확한 가아드에 유의할 것.

■ 서로 마주 본 자세

■ 풀 · 크라우치

이 스탠스는 봅브 · 위브하고 인파이트해 가는데는 최적의 자세이며 로·크라우치라고도 한다.

▶세미·크라우치의 자세

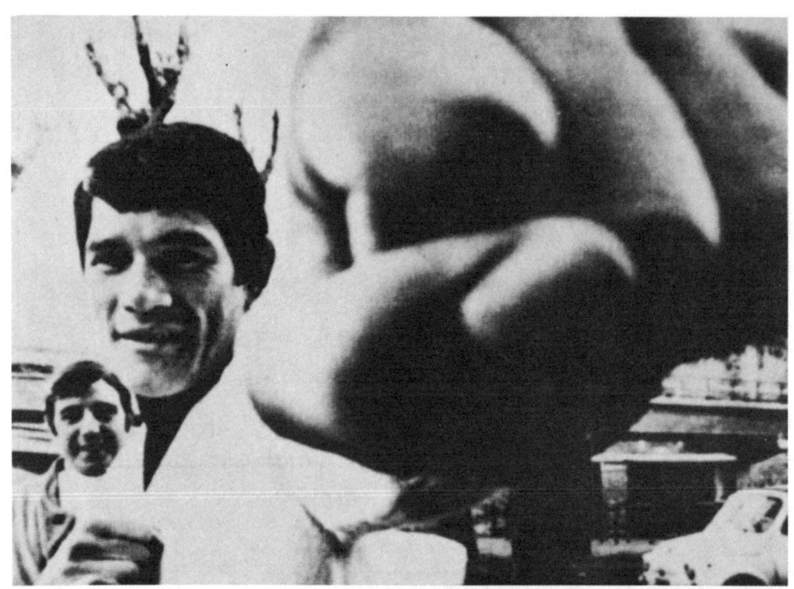

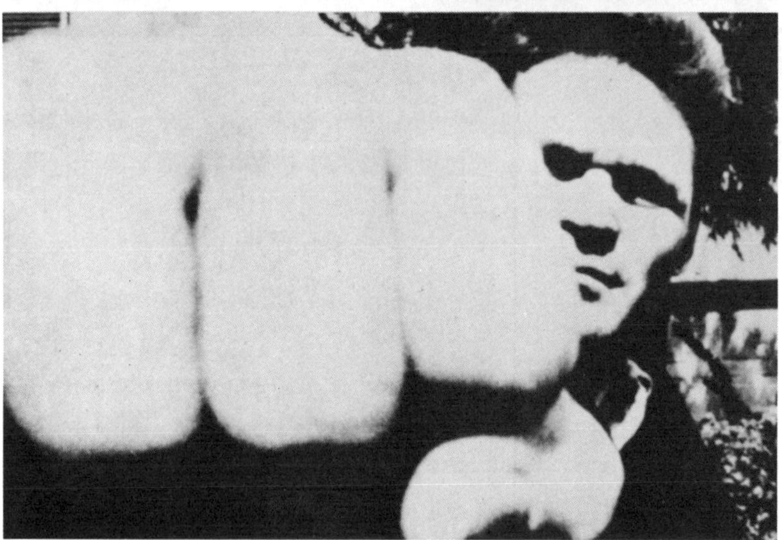

■ 주먹을 쥐는 방법

위의 사진은 세계 미들급 챔피언 칼모스·몬손(아르헨티아)의 왼쪽 잽 주먹, 정확하게 쥔 주먹. 밑의 사진은 도전자 데니·모이야(미국)의 오른쪽 스트레이트를 쳤을 때의 정확한 오른쪽 주먹.

●주먹을 쥐는 방법

주먹은 복서의 생명이다. 상대와 싸우는 직접적인 무기는 이 주먹뿐이며 이것을 상하게 하면 모든 것이 끝난다.

그러니만큼 주먹을 쥐는 방법에 신중한 주의를 기울이고 항상 바르게 해야 한다.

①우선 엄지손가락을 제외한 네 손가락을 손바닥 안으로 굽혀 넣는 듯이 한다. 이어서 엄지 손가락을 가운데 손가락과 인지손가락 위에 걸고 쥔다. (그림 참조)

② 너클·파트(인지손가락에서 새끼손가락까지의 네 손가락의 제1관절과 제2관절의 사이의 부분)은 평평하게 되도록 쥘 것. 펀치는 이 너클·파트에서 치기 때문에 돌기된 손가락이 있으면 칠 때 심한 충격을 받아 부상을 입기 쉽다.

③ 엄지손가락은 펀치의 각도가 나빴을 때 부상을 입기 쉬우므로 주의가 필요하다. 주먹은 상대에게 치기 직전에 굳게 쥐고 그 이외에는 힘을 주어 쥐지 않도록 할 것.

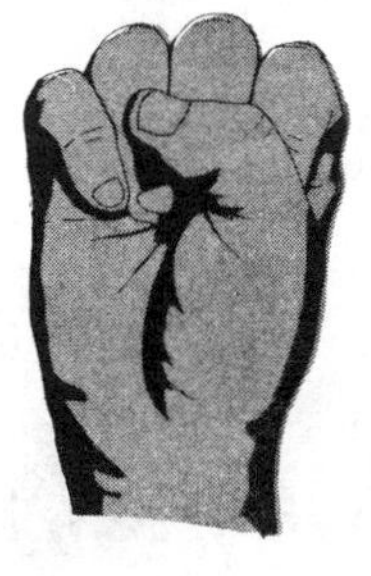

A

A. 손바닥 쪽에서 본 주먹쥐는 방법.
B. 정면에서 본 주먹의 「너클·파트」(=관절 부분). 펀치를 치는 바른 부분이다.

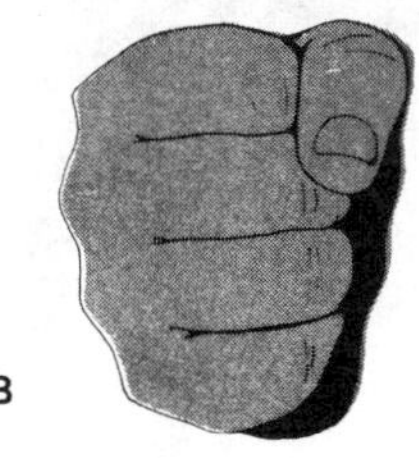

B

■ 왼쪽 잽을 치는 법 ■

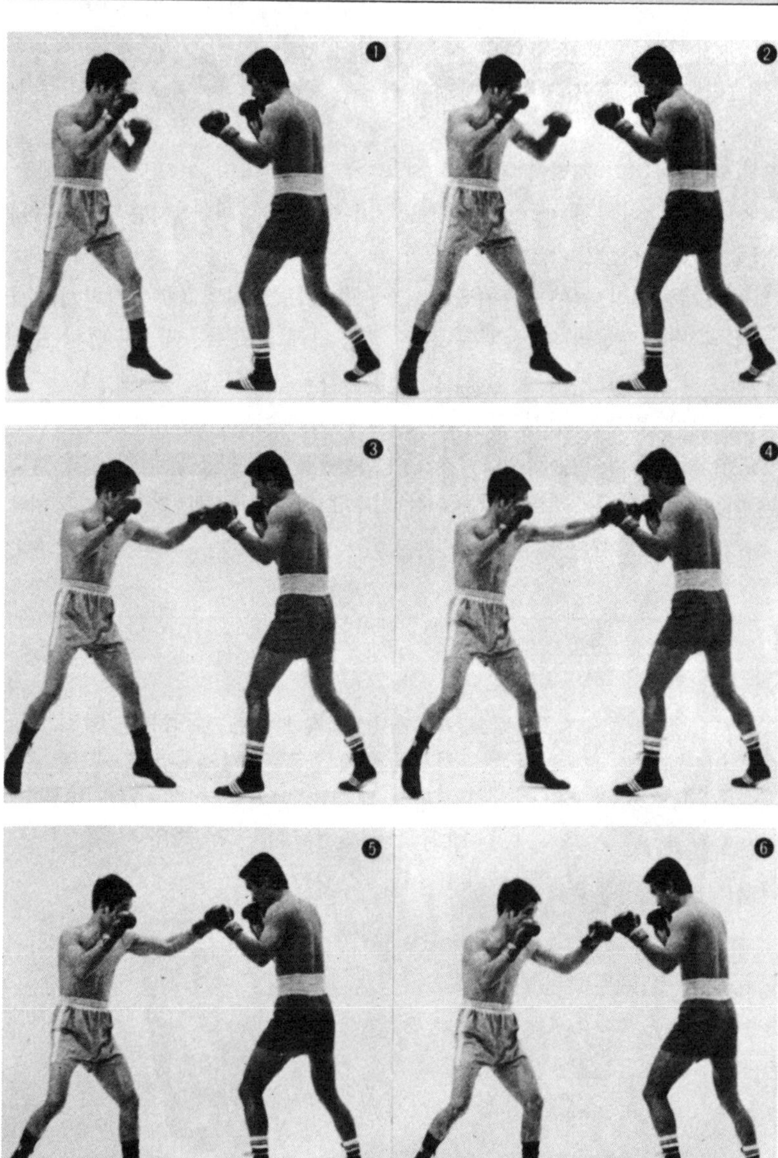

■ 왼쪽 잽을 치는 법 ■

■ A(좌)가 거리를 좁히고 오른손 잽으로 B(우)의 안면을 겨누었으나 B가 가아드로 견고하게 한다. B도 잽으로 쳐들어 가려고 하지만 A가 브로크하여 피한다.

기본 펀치

●왼쪽 잽

① 스피드가 중요

여러 가지 펀치 가운데서도 가장 중요하고 또 기초가 되는 펀치가 있다.

옛날에는 왼쪽 스트레이트라고도 부르고 있었으나 스피드가 요구되는 근대 복싱 시대를 맞아 보다 빠른 동작이 강조되어 명칭도 왼쪽잽이라 변하게 되었다. 지금도 이 왼쪽 잽을 강하게 쳤을 때 왼쪽 스트레이트라고 부르고 있는 것은 그런 데에서 유래된 것이다.

② 효용은 만능

왼쪽 잽은 단순이 상대를 공격할 뿐만 아니라 게릴라전법으로 상대를 견제하기도 하고 때로는 카운터 · 다렉크를 사용하여 상대의 돌진을 좌절시키는 데도 사용한다.

실로 공수 양면에 만능 펀치라고 해도 좋을 정도로 용도는 다양성이 풍부하다. 이것이 또 이 펀치의 최대의 특징이다.

③ 왼쪽은 세계를 제패한다

복서를 지향한 이상 무어니 해도 이 왼쪽 잽을 맹훈련하여 사용법에 있어서 하나의 경지를 개척하지 않으면 완전한 복서가 되지 못한다.

복싱 기술의 정수는 왼쪽 잽에서 시작하고 왼쪽 잽으로 끝난다고 해도 과언이 아닐정도로 중요한 테크닉이다.

복싱의 발상지인 영국에서는 왼쪽이 세계를 제패한다고 하는 말이 생겼으나 현재에 있어서도 불멸의 금언(金言)으로서 훌륭히 살아 있다. 원(元)세계 웰터급 참피온으로서 현역은퇴 후 미국 네바다주 코밋쇼너로서 활약한 잣키 · 훨즈는 매일 아침 일어나면 곧 레코오드의 리듬에 맞추어 이 왼쪽 잽의 맹연습을 계속하여 훌륭하게 세계를 제패했다고 전해지고 있다.

●연습방법 = 왼쪽 잽

① 기본 스탠스에서 가벼운 풋 워크로 움직인다. 그리고 왼쪽 어깨를 약1/4 정도 몸의 중심부를 향하여 회전시키면서 왼손을 어깨의 선에서 보아 약간 위를 향하여 앞으로 찔러낸다.

② 이 경우 허리나 발로 웨이트 이동은 하지 않는다. 어깨를 약간 회전시키는 탄력만으로 치는 것이 요령이다.

어깨를 돌리는 것 만으로 치고 주먹은 안쪽으로 트는 듯이 하고 내밀면 주먹의 관절부가 위를 향하게 되어 상대의 얼굴이나 턱에 잘 맞는다.

③ 스피드를 가하여 치면 맞는 순간의 반동으로 왼손은 또다시 원래의 자세로 자연히 되돌아 온다.

④ 맞은 위치에서 펀치를 멈추지 않고 턱,얼굴을 뚫는 것처럼 힘을 가하여 치는 것이 중요하다.

⑤ 칠 때 앞으로 넘어질 듯이 중력을 마음먹고 펀치에 건다. 그리

스테벤손의 왼쪽 잽

고 이것을 상대가 밀고 들어오는 동작에 타이밍을 맞추어 카운터한다. 이것을 할 수 있게 되면 왼쪽 잽은 이미 완성단계에 있다고 할 수 있다.

●연습의 요령

① 치기 전에는 주먹을 포함하여 몸 전체로 될 수 있는대로 리랙스한 상태로 한다.

② 스냅프를 이용하여 동작을 몸 전체에 풀고 무리한 힘을 쓰지 않고 딱딱 칠 수 있도록 유의한다.

③ 빨리 그리고 정확하게 친다. 이것이 중요하다.

④ 풋워크를 사용하여 전후 좌우로 스텝을 밟기도하여 돌면서 어떤 각도에서도 칠 수 있도록 연습을 되풀이한다.

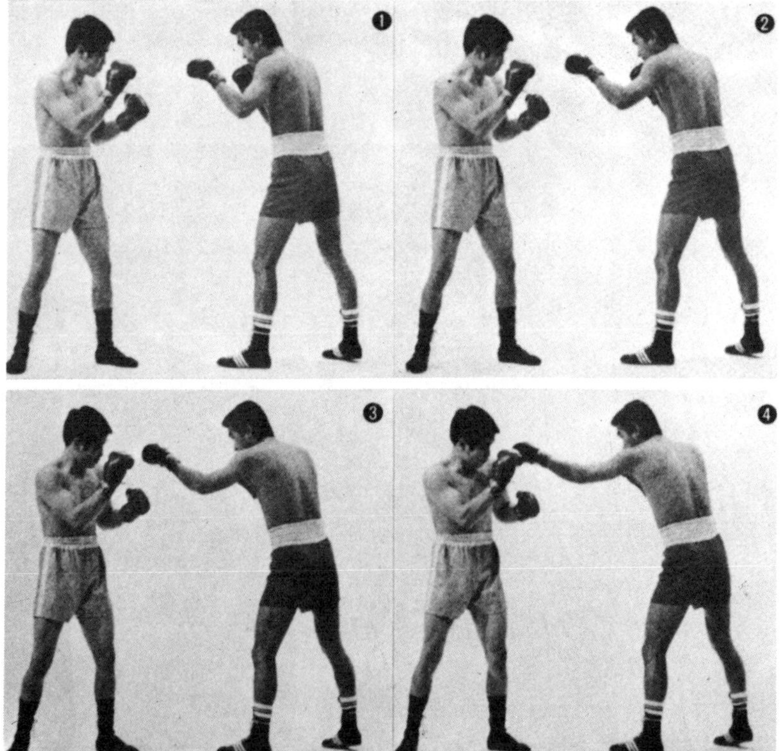

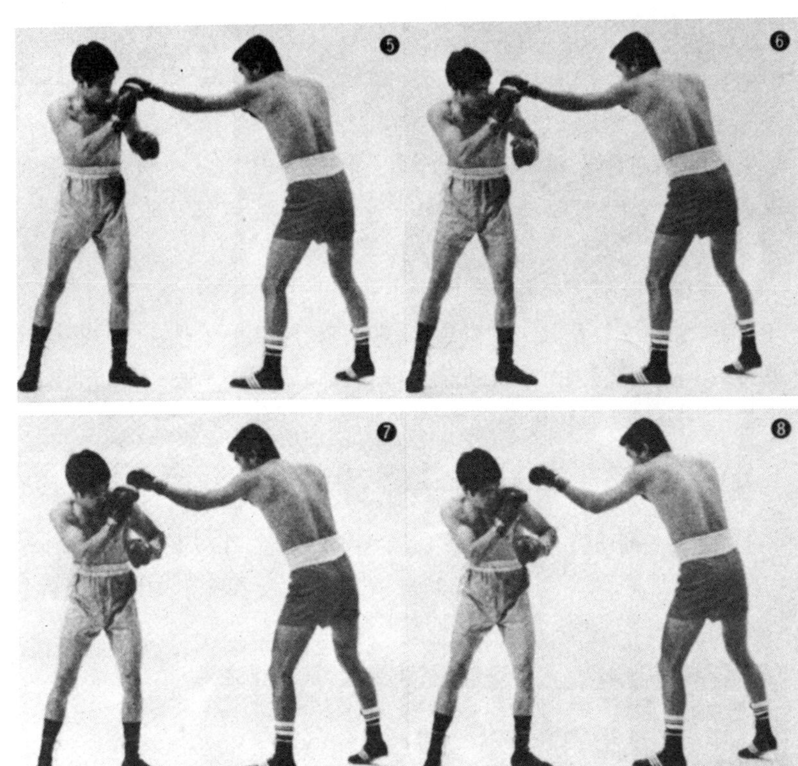

■ 왼쪽 잽의 타격법 오른쪽의 A가 왼쪽잽을 왼쪽의 B의 얼굴을 겨냥하고 치자, B가 오른손으로 브로크하여 피한다.

●오른쪽 스트레이트

① KO 펀치도 된다

왼쪽 잽에 이어서 공격을 가할 수 있도록 사용 될 때가 많다. 그래서 특히 원·투 펀치라고도 하는 콤비네이션·블로의 일종으로서 유효하다.

물론 상대에게 틈이 있는 경우, 단독 결정수로서도 흔히 사용된다.

오른손잡이 복서에 있어서는 오른쪽 스트레이트는 강력한 힘을 지니고 있다. 타이밍을 맞추어 정확하게 힛트하면 때때로 KO펀치로서 맹렬한 위력을 발휘한다.

② 날없는 칼이 된다

KO펀치가 되는 반면에 상대의 카운터를 당하게 되는 위험도 충분히 수반된다는 것을 잊어서는 안된다.

오른손은 왼손에 비해서 출발점이 상대로부터 떨어져 있기 때문에 오른손을 충분이 뻗는 순간 턱이나 복부에 헛점을 보이게 되기 때문이다.

③ 보다 강하게

왼쪽 잽과 오른쪽 스트레이트의 공격 차이는 왼쪽 잽이 '보다 빨리 보다 정확하게' 하는 것에 대하여, 오른쪽 스트레이트는 '보다 강하게' 하는 것이 큰 포인트가 된다.

●연습방법 = 오른쪽 스트레이트

① 기본자세에서 몸의 왼쪽 (왼발에서 왼쪽 어깨까지의 스트레이트 라인)을 축으로 하여 상반신을 왼쪽으로 반복하여 가볍게 반회전시킨다.

◀ 오른쪽 스트레이트를 날리는 모습

② 몸이 왼쪽으로 회전되어 오른쪽 상체가 앞으로 나오는 힘을 이용하여 오른손을 앞으로 똑바로 뻗는다.

이때 몸의 중심(重心)은 왼발에 옮기고 이 움직임으로 오른쪽 스트레이트에도 자연히 웨이트가 가중된다. 즉 상반신을 스윙시켜 왼발을 받치게 하여 친다.

●손과 팔의 역할

손과 팔은 상대의 급소에 펀치를 가하기 위한 수송기관과 같은 것이다. 어깨 부분에 강한 경첩이 붙은 지랫대처럼 생각하면 된다.

허리와 어깨의 회전에서 생기는 파워가 이 지랫대에 전해져서 선단의 주먹에 '펀치' 가 생겨나는 것이다. 이것이 힘이 없으면 몸이 아무리 강렬한 에네르기를 분사시키려고 해도 모처럼의 파워는 불발로 끝나는 것이 되고 만다.

따라서 효과적인 강한 펀치를 만들어내기 위해서는 무엇보다 이 수송기관이 확고하게 되어 있지 않으면 안된다. 부드럽게 그 역할을 다하기 위해서는 손과 팔의 강한 힘과 또 유연한 근육이 필요하다.

▲오른쪽 잽을 치는 순간

●오른쪽의 A가 오른쪽 스트레이트를 B의 얼굴에 치자, B는 이것을 닥킹하여 피한다. A의 오른쪽 스트레이트는 미스가 되었으나 친 반동으로 원래의 바른 자세로 되돌아가고 있다.

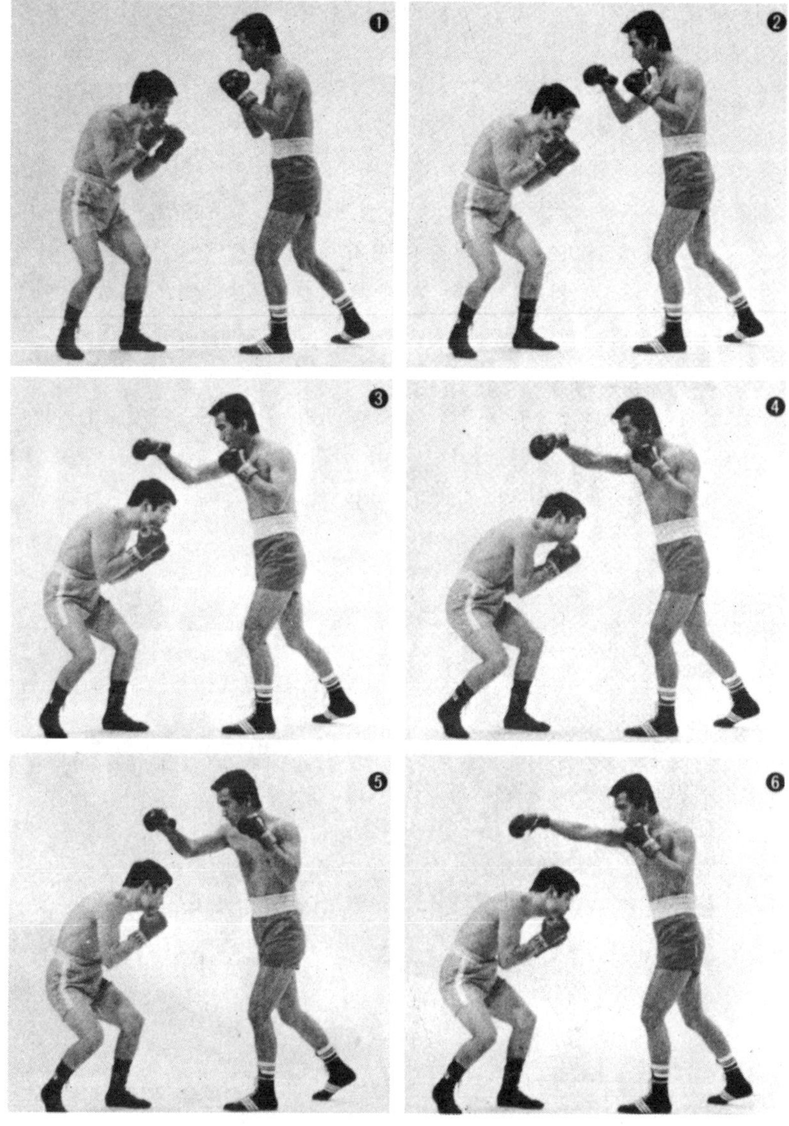

●왼쪽의 A가 오른쪽 스트레이트를 오른쪽의 B의 턱을 향하여 치자, B는 오른손으로 그 펀치를 브로크하고 있다.

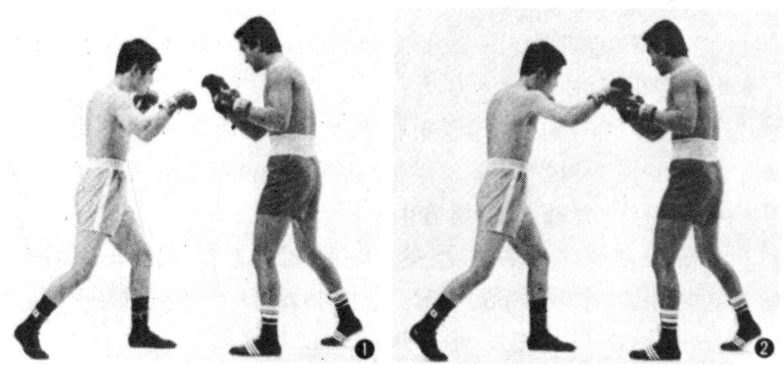

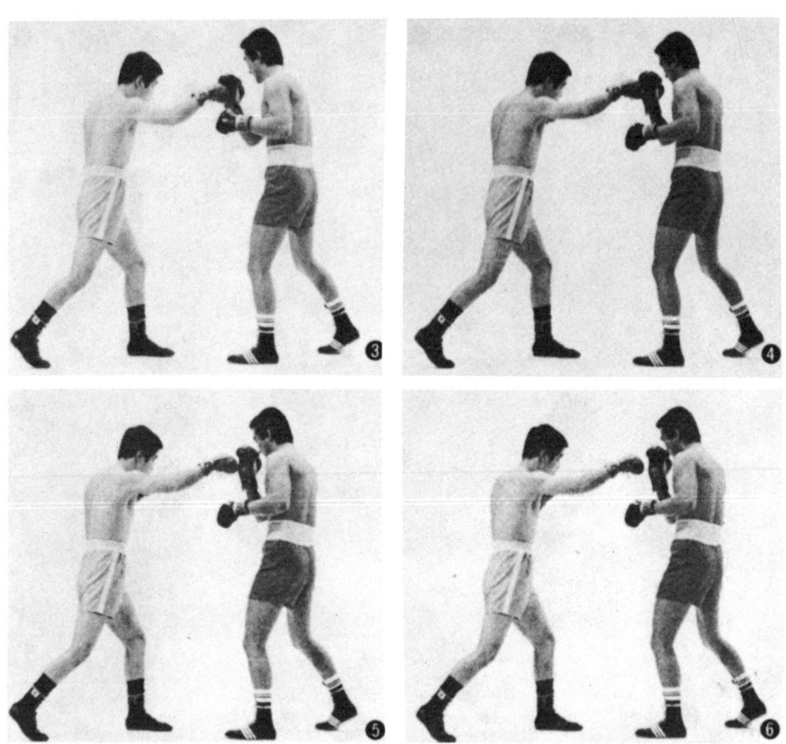

● 연습의 요령

① 오른손을 충분히 앞으로 밀어내고 겨누었던 목표를 뚫고 나갈 정도로 강한 힘으로 칠 것.

이러한 포로·슬과 펀치·슬이 수반되지 않으면 「보다 강한」 펀치를 성공시킬 수가 없다.

② 목표를 치기 위해서 충분히 뻗을 것. 주먹의 손등 부분을 꼭 위를 보게하고 엄지손가락은 밑을 보게 할 것. 주먹을 안쪽으로 틀므로써 펀치는 더욱 파워·엎이 되기 때문입니다.

③ 치고난 후의 오른손은 곧 원 위치에 가지고 갈 것. 또 왼손은 꼭 기본의 바른 위치에 두고 얼굴, 상체의 가아드를 잊어서는 안된다. 상대의 카운터를 받기 쉽기 때문이다.

④ 다른 펀치도 조직하여 자연히 조작(綴作)해 낼 수 있도록 한다. 왼쪽 잽을 연타하든가. 왼쪽 잽에서 원·투 다시 왼쪽 훅의 포로를 계속하는 등 여러 가지 콤비네이션·블로 되풀이하여 연습하면 몸의 동작에 익숙해질 것이다.

●오른쪽 스트레이트

다미를 향하여 오른쪽 스트레이트를 쳤을 때, 체중이 왼발에 가서 허리와 오른쪽 어깨가 있다. 너클· 파트를 정확하게 하여 샌드백을 치고 있다.

오른쪽 스트레이트를 쳤을 때는 이와 같이 체중이 왼발에 걸리고,허리와 어깨는 몸의 중심부까지 돌아서 오른쪽은 똑바로 뻗고,치고 나면 같은 선으로 원래의 온·가아드와 위치에 돌아오게 한다.

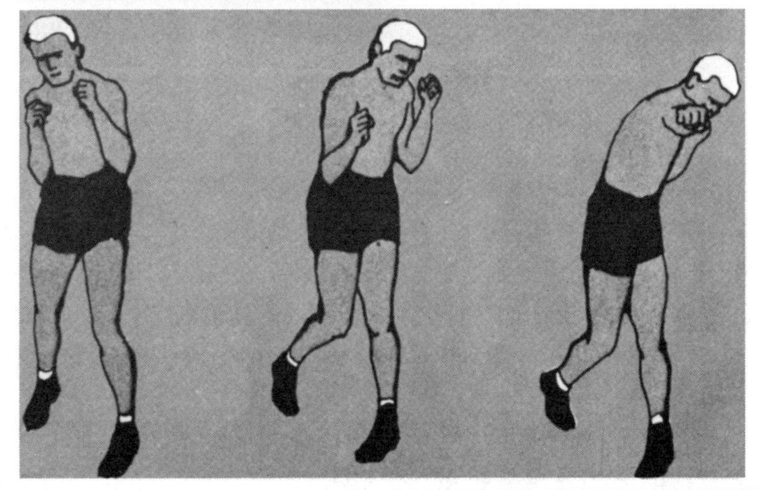

▲ 오른쪽 훅을 다미에 치고 있다.

●왼쪽 훅

①—— 파괴력은 발군

왼손은 언제나 상대에게 제일 가까운 위치에 있다. 그러므로 왼쪽 훅은 상대가 잽을 덮어쓰고 있을 때나, 왼쪽 잽을 주목하고 전진해 왔을 때 턱을 겨누고 강하게 되면 보기 좋은 결정타가 되어 상대가 넘어질 때가 많다.

또 턱뿐만 아니라 얼굴, 보디를 쳤을 때도 때때로 KO펀치로써 위력을 발휘할 수 있는 훌륭한 펀치가 된다.

②── 타격의 비밀

턱을 겨누었다고 한다. 왼쪽 주먹과 상대와의 거리는 겨우 12cm에서 15cm 정도. 이 때 왼손 팔꿈치를 굽히고 주먹을 안쪽으로 틀면서 상대의 턱을 측면에서 마음 먹고 친다.

이것은 쇼트이며 또 각도가 예리하기 때문에 파워가 집중되어 큰 파괴력이 대 폭발한다.

● A가 왼쪽의 B의 왼쪽 훅을 겨누고 치자 B가 상체를 낮추고 닥킹으로 피한다. A의 왼쪽 훅이 짧았기 때문에, 그다지 포로·슬이 걸려 있지 않다. 좀 더 오른발에 중심(重心)을 두고 허리를 돌린 쪽의 손을 휘둘면 힘이 가해진다.

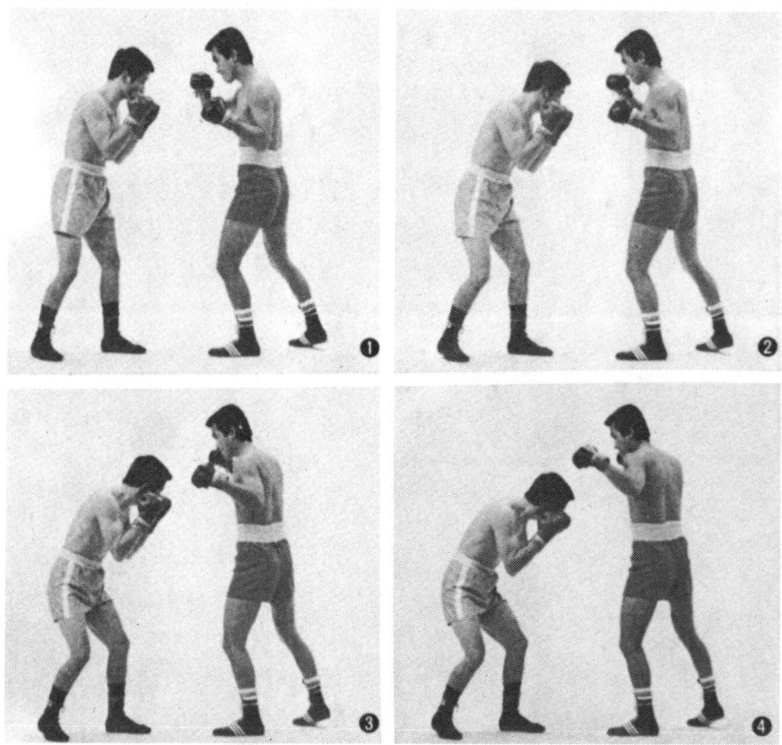

■ A가 B의 턱에 왼쪽 훅을 치자 B는 그것을 오른손으로 브로크.

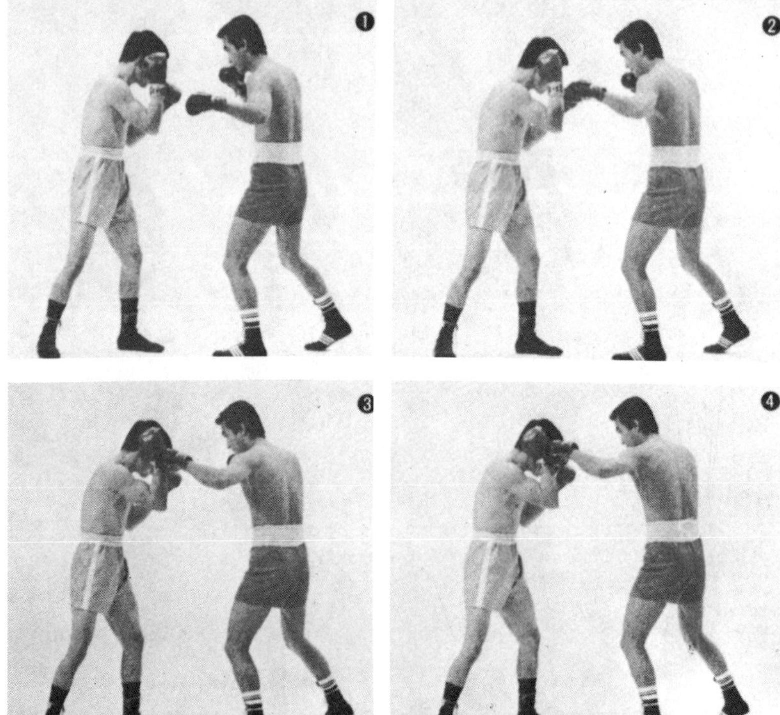

●연습방법과 요령＝왼쪽 훅

강렬한 효과가 있을 만큼 왼쪽 훅의 마스터는 어렵다. 아마도 복싱 기술 가운데서 습득시간이 많이 소요되는 테크닉의 하나일 것이다.

①——「훅」이라고 하는 명칭은 쳤을 때의 팔에서 주먹의 각도가 마치 낚시 바늘처럼 되어 있다고 해서 나온 말이다. 여기서도 알 수 있듯이 이 각도가 큰 포인트가 되며, 왼쪽 팔꿈치를 약간 올린 그대로예각적(鋭角的)인 호(號)를 그리는 듯이 치지 않으면 효과가 감소된다.

②——왼손은 몸의 시동동작에 맞춘다. 초조해하면서 움직이기 시작하면 안된다. 왼쪽 허리와 어깨를 몸의 중심선에서 돌리면, 이회전 운동에 의해 중심(重心)은 오른발에 옮겨진다. 이것으로 시작하여 왼쪽 훅이 시동하게 되는 것이다.

③——몸의 중심(重心)이 오른발에 걸리게 되는 동시에 왼손 팔꿈치를 오른쪽어깨 방향으로 향해서 친다. 왼손, 팔꿈치를 약간 올리는 기분으로 그대로 낚시바늘처럼 굽힐 것.

④——몸이 오른쪽으로 돌아갈 때 필연적으로 왼쪽 복부에 틈이 생긴다. 그러므로 최소한 오른손은 턱을 확고하게 카바하고 또 복부는 오른손 팔꿈치로 가아드하지 않으면 안된다. 왼쪽 훅을 치고난 순간은 몸의 왼쪽은 상대에 가장 접근한 위치에 있게 된다. 특히 미스·펀치를 했을 때 무방비 상태의 왼쪽은 카운터를 받게 되는 위험이 있다는 것을 잊어서는 안된다.

■ 훅을 치는 방법
이 그림은 오른쪽 훅이 목표를 향하여 날아가는 모습이다. 너클·파트가 여기를 향하여 움직여 목표의 순간에는 엄지손가락의 부분이 위로 된 모양이 된다.

●어퍼커트

①── 접근전의 무기

치는 각도는 훅과 흡사하며 훅과 함께 접근전에서의 무기로서 절대로 빼낼 수 없는 공격술의 하나이다.

특히 상대가 낮게하여 올 때나 기대올 때가 어퍼컷을 치는 절호의 기회가 된다.

②── 근거리에서 날카롭게

이 펀치는 훅처럼 짧게 예리하게 침으로써 비로소 효과적인 펀치가 된다. 특히 카운터로 치면 그 효과는 크다.

③── 롱·어퍼커트

초보자는 꼭 근거리에서의 어퍼로부터 연습을 시작해야 한다. 원거리에서 겨누었을 때 충분히 웨이트를 하지 못하고 거기다 미스·펀치를 했을 때는 밸런스를 잃게 된다.

따라서 충분한 연습을 쌓고 민첩하게 또 정확하게 할 수 있게 된 경우에 한하여 떨어진 거리에서 롱·어퍼컷을 치도록 한다. 그요령은—

1. 상대의 왼쪽 잽을 오른손으로 바깥쪽으로 파아리로 털어내고

● 어퍼커트

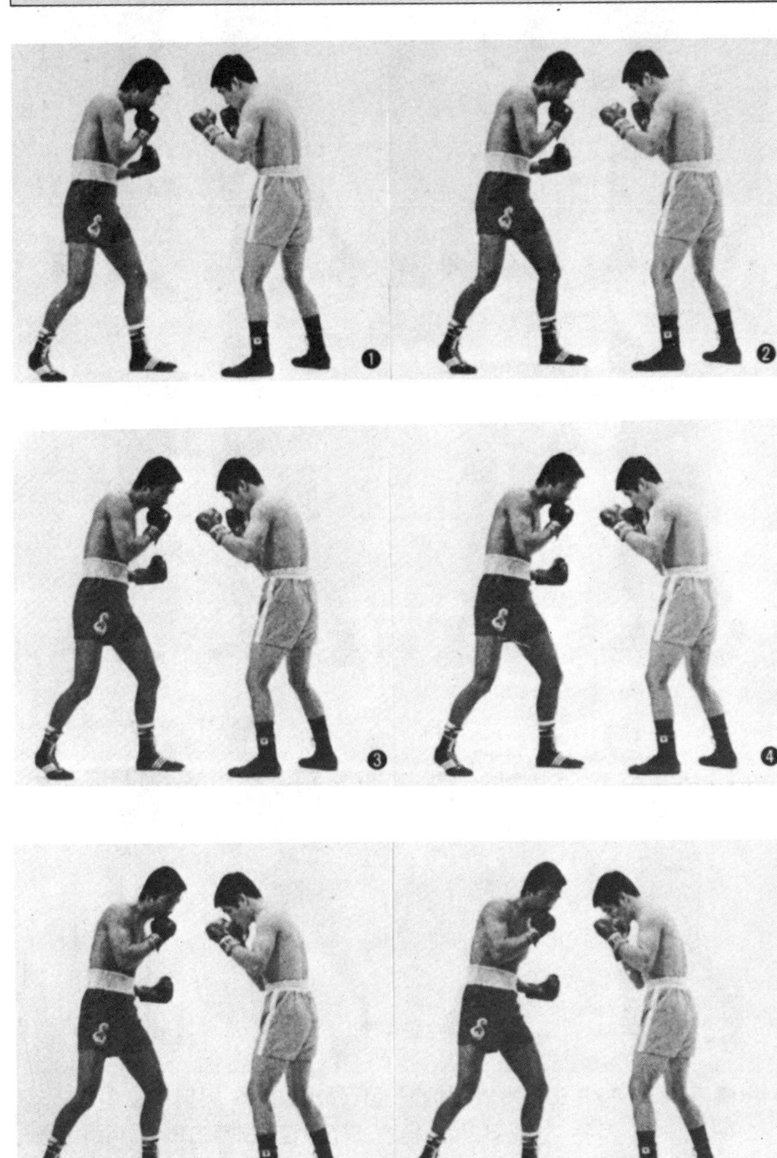

■ 왼쪽의 A가 오른쪽의 B에게 접근하여 왼쪽 어퍼컷을 B의 보디에 치려고 하는 것을 B가 오른손 팔꿈치로 브로크하여 피하고 있다.

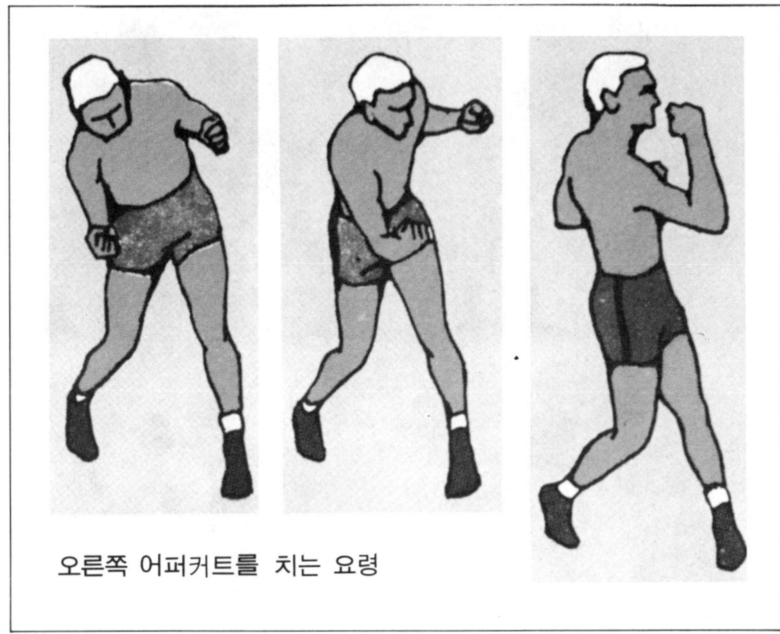
오른쪽 어퍼커트를 치는 요령

왼발을 민첩하게 상대의 왼발 바깥쪽에 스탭한다. 이렇게 하여 상체가 상대의 바깥쪽으로 비스듬히 기울어졌을 때 왼쪽 어퍼로 복부를 쳐 올린다.

2. 그와 같이 상대의 잽을 털어낸 다음, 오른발을 재빨리 상대의 왼발 바깥쪽까지 크게 스탭하여 오른쪽 어퍼를 복부에 친다.

●연습방법과 요령 = 어퍼커트

①――상체를 약간 앞으로 굽히는 것과 동시에 양무릎을 조인다. 다시 치려고하는 쪽의 손을 복부 옆으로 끌어당기고 손을 반원형으로 대비한다. 이 때 주먹의 관절면이 위로 향하고 있지 않으면 안된다.

②――칠 수 있는 자세를 취하게 되면, 조이고 있던 무릎을 마음껏 위로 향해서 일으키는 힘으로 상체와 손을 목표에 향해서 쳐올린다.

이 무릎의 동작이 중요하며 미국의 올림픽 코오치를 4회나 했던 고 스파이크·웨브씨는 '어퍼컷은 무릎으로 친다' 고까지 말하고 있었다.

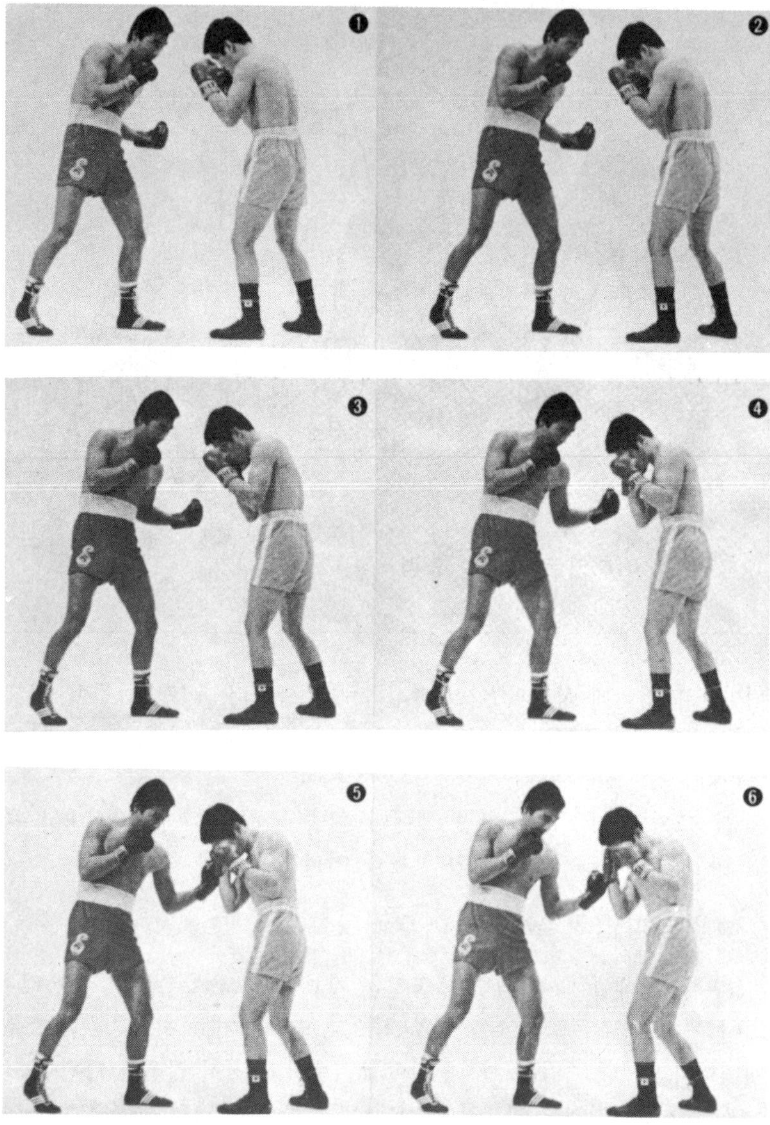

■A가 몸을 약간 낮게하여 왼쪽 어퍼컷을 B의 턱에 쳐올릴려고 하는 것을 B가 오른손으로 브로크.

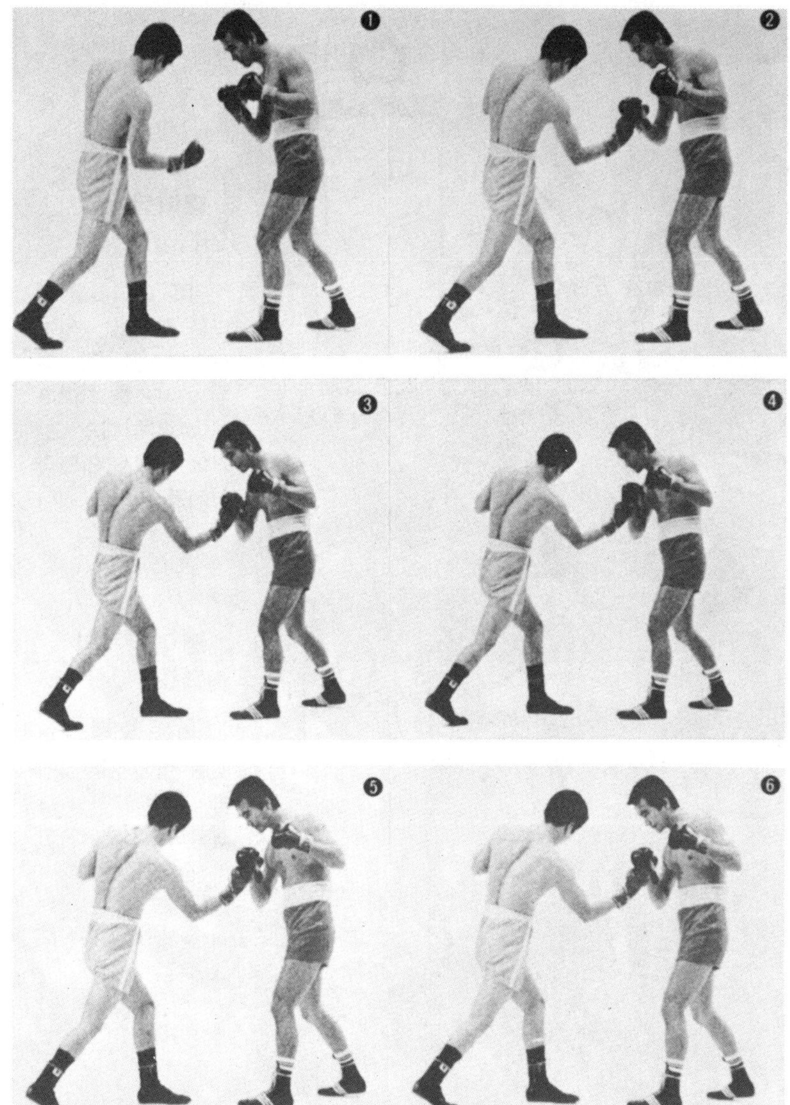

■ 왼쪽의 A가 B에게 접근하여 오른쪽 어퍼컷을 B의 보디에 치려고 하는 것을 B가 오른손을 내리고 브로크하여 피하고 있다.

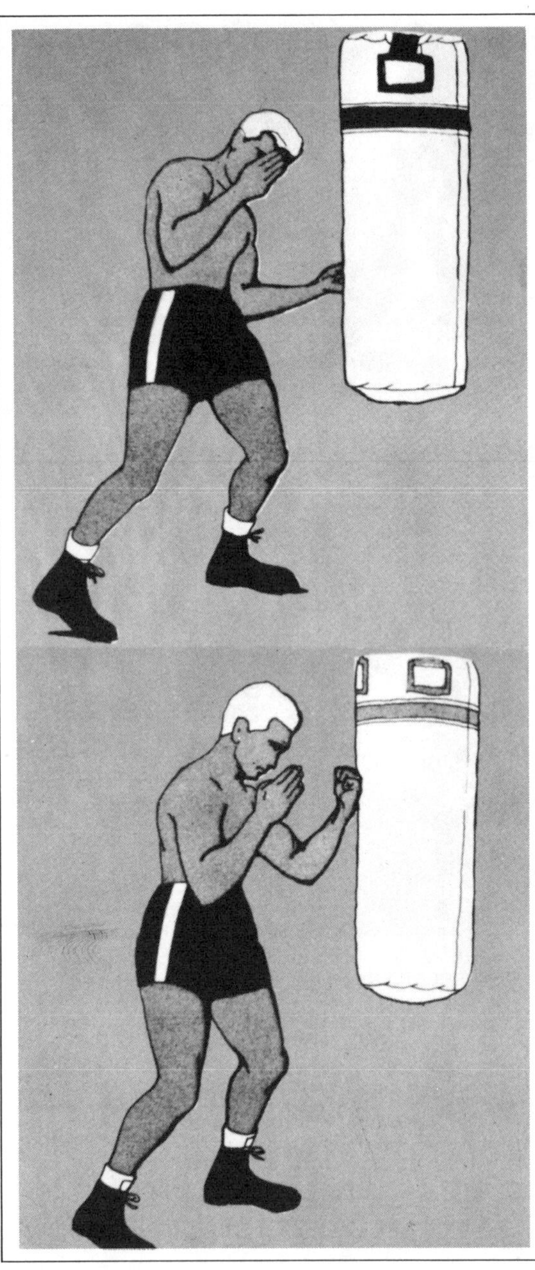

■어퍼컷의 연습 ①

왼쪽 어퍼컷을 보디를 향해서 치는 모습. 오른손은 펴서 가아드를 확고하게 하고 상대의 반격에 대해서 안면과 상체를 지키고 있다.

■어퍼컷의 연습 ②

다미로 왼쪽 어퍼컷을 턱에 치는 연습. 왼손 주먹의 너클·파트가 위쪽으로 정확하게 향하고 있다. 오른손은 펴서 상대의 공격에 대비하고 있다.

펀치의 본질

●뎀프시의 강타론

강타자로서 세계에 그 이름을 날리고 있었던바 있는 미국의 잭크・뎀프시가 강타의 비결에 대해서 다음과 같이 말하고 있었다.

「칠 때 되풀이해서 내는 펀치에 자신의 체중을 마음껏 걸고 포로・슬로 친다. 그렇게 하면 펀치의 에네르기는 어깨에서 팔을 통하여 주먹의 새끼 손가락 근처에 전달되어 상대의 급소에 맞아 폭발한다」

그는 결단력과 포로・슬이 포인트라는 것을 명쾌하게 가르치고 있다.

●웨이트를 건다.

뎀프시의 이론을 좀 더 순서적으로 추구해 보면——.

① 체중

치려고하는 펀치에 집중시킨다.

② 강한 근육

발에서부터 등에 걸쳐서의 강한 근육이 몸 전체의 웨이트를 효과적으로 펀치에 가중한다.

③ 손과 주먹

분사된 에네르기(파워)의 발사통(発射筒)이 된다.

즉. 타격이라고 하는 결단과 동시에 웨이트를 총동원하는 일련의 동작을 일으키고, 계속해서 웨이트의 이동으로 솟아오르는 에네르기를 상대의 급소에 강타한다고 하는 것이다.

●허리의 회전으로 친다.

미국의 이론가 에드윈・L・하이즈레씨는 다시 이것을 분석하여 다음과 같이 설명하고 있다.

「웨이트의 이동 방법에는 두 가지의 것을 생각할 수가 있다. 하나는 허리를 재빨리 회전시켜 어깨에서 손에 힘을 전도(伝導)시킨다. 또 하나는 뎀프시가 말한 것처럼 몸 전체의 웨이트를 한쪽 발로부터 다른 한쪽 발에 이동시키는 방법이다.

양자 중에서 전자의 허리의 회전만을 하는 것이 쉽다. 또 동작도 민첩하게 할 수가 있다. 회전에 수반하여 솟아오르는 에네르기가 손을 통하여 주먹에서 급격히 방출되기 때문이다.

처음부터 힘을 넣고 치면 펀치가 목표에 맞았을 때는 반대로 힘이 빠지고 만다. 「풋싱」 같은 상태가 되고 만다.

●스낵피로 친다

허리를 회전시켜서 치는 펀치는 회초리를 쳤을 때처럼 「스낵피」가 가중된 것이 되고,보다 이상적인 펀치가 되는 것은 이젠 알 수 있을 것이다. 허리 어깨를 축(軸)으로 손은 박자를 맞추어 되풀이하여 치면서 탄력 있게 치는 것이 펀치를 치는 요령이다.

◀ 오른발에 체중을 걸고 다미에 왼손으로 치고 있다.

●손만으로 치는 것은 아니다

실제로 몸 회전운동을 해보고 펀치가 가지고 있는 파워의 실체가 어디로부터 유발되어 있는 것인가를 몸 전체의 필링으로 이해하는 것이 중요하다.

이 연습을 되풀이하고 있는 동안에 펀치는 손만으로 치는 것이 아니며 몸(피스톤의 축)에서 치게 되는 것을 차츰 실감으로 알게 된다.

●중력을 이용해서 친다

펀치를 칠 때의 발의 움직임과 중력의 관계를 생각해 본다.

우선 정확한 스탠스를 취하고 다음에 왼발을 재빨리 앞으로 크게 내딛여본다. 이 때 절대로 의식하고 여기에 대한 준비 동작을 해서는 안된다. 대부분의 사람은 왼발에 걸리고 있는 체중을 내딛으려고 할 때 순간적으로 오른발에 걸려고 하지만, 그것을 해서는 안된다. 오른발은 발꿈치를 올린 그대로 있게 한다.

이와 같이 왼발을 쑥 앞으로 스탭하면 몸은 앞으로 넘어지는 듯한 상 태가 될 것이다.

이 상태가 중요한 포인트가 된다. 앞으로 스탭했을 때 앞으로 넘어지려고 하는 중력이 작용하여 몸에 이상한 탄력이 생겨, 이것이 스트레이트 · 펀치의 원동력이 되는 것이다.

●포로 · 슬

골프처럼 복싱에서도 포로 · 슬이 중요하다. 아무리 힘을 넣고 쳤다고 해도 스피이드의 정점이 목표에 맞도록 치지않으면 효과적인 KO 펀치가 되지 않는다.

포로 · 슬이라고 하는 것은 발, 허리, 어깨 , 팔을 통과함에 따라서 가열된 에네르기가 다시 주먹을 통해서 상대의 목표 부위를 치는 상태를 말한다. 허리의 회전은 약 반 회전, 어깨의 회전은 약1/ 4로 하고, 턱을 겨눈 스트레이트라면 목을 쳐 뚫는 정도의 상태로 치고, 또 훅이라면 오른쪽 볼에서 왼쪽 볼에까지 주먹이 가닿는 힘으로 내치는 펀치· 슬도 필요하다.

●방어의 테크닉

●공방일여(攻防一如)

공격만의 복싱이나 방어만의 복싱은 있을 수 없다. 복싱은 자동차의 양바퀴처럼 한쪽이 없으면 안된다. 서로가 밀접한 관계를 맺고 있다.

즉 하나의 방어가 힌트가 되어 다음의 공격 찬스가 생기고, 또 「공격은 최대의 방어」라고 하듯이 공격이 동시에 일종의 방어 역할을 할 때가 때때로 있다. 복싱의 테크닉이라고 하는 것은 공격과 거기에 대한 적절한 방어가 잘 맞추어 구성되어 있는 것이다.

●방어를 경시해서는 안된다.

방어 기술은 공격에 비하여 습득이 의외로 어렵다. 거기다 노력에 비해서 화려한 데가 없다. 그래서 이 방어 기술의 습득을 등한시하기 쉽다. 그러나 초보자일 때부터 완전히 몸에 익히도록 노력하지 않으면 안된다.

▲다미·어택, 몸의 밸런스가 잘 잡히고 있다.

■ 브랏슈 · 어웨

왼쪽의 A가 오른쪽 어퍼컷을 B의 보디에 치려고 하자, B가 오른손을 밑으로 뻗고 A의 오른손을 브랏슈 · 어웨하여 피하고 있다.

방어를 무시하면 어떻게 되는가——· 가령 가벼운 펀치라 해도 계속 머리와 얼굴에 맞고 있으면 뇌신경이나 시신경을 상하게 되는 것은 틀림없다. 이래서는 모처럼의 건강증진을 위해서 시작한 스포츠가 목적과는 반대로 건강을 해치는 결과가 된다.

● 기교파의 수명도 길다.

이러한 질환의 대부분은 용맹과감한 방어를 무시해 온 복서들에게 일어나기 쉽다.

■ 브로킹의 연습
맥·포스타가 샤드·복싱을 하면서 왼손, 오른손을 펴면서 브로킹하고있다.

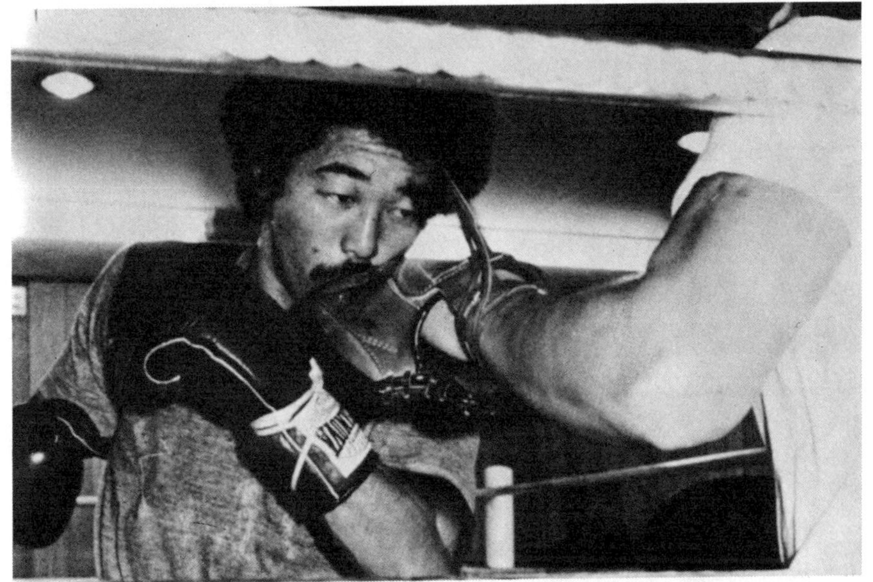

▲브로킹을 하고 있다.

반대로 테크닉과 스피드를 중심으로 하여 싸우는 기교파 복서에게는 피환률이 낮고, 일반적으로 보아서 복서로서의 수명이 긴 경향이 있다. 이 사실을 잘 기억해 놓아야 한다.

●방어기술의 여러 가지

방어란 자신의 몸을 모든 위험으로부터 완전히 지키는 테크닉이다. 그러니만큼 공격기술 구조에 비하여 복잡하고 그 종류도 다종다양하다.

● 브로킹

상대의 펀치가 자신의 급소에 맞기 직전에 자신의 손이나 팔꿈치 또는 어깨 등으로 방해하고 막는 방법이다.

옛날부터 해온 전형적인 브로킹은 안면을 겨누고 온 펀치를 오른손의 글러브를 펴고 손바닥으로 막는 방어법이다. 이 외에도 다음과 같은 방법이 있다.

① 숄더 · 브로킹

얼굴, 턱을 겨누고 오른쪽 스트레이트로 치고 오는 순간, 왼쪽 어깨를 약간 오른쪽으로 회전시켜 그 왼쪽 어깨로 상대의 펀치를 막는다.

② 엘보우· 브로킹

오른쪽이나 왼쪽 보디를 치고 왔을 때 팔꿈치를 몸에 밀착시킨 그대로 막는다. 팔 부분에서 막는 경우에는 엄 · 브로킹이라고 한다.

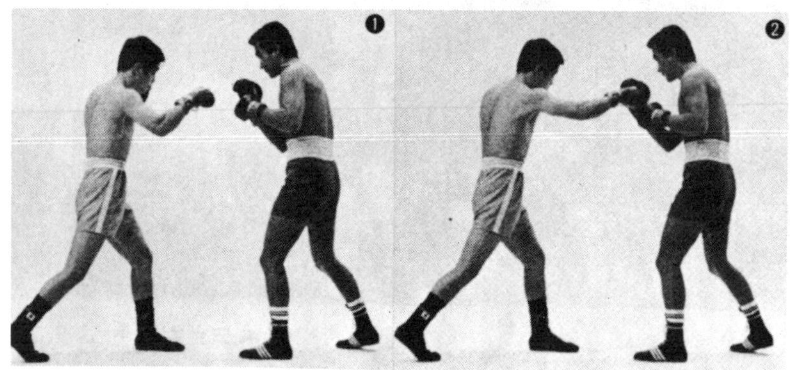

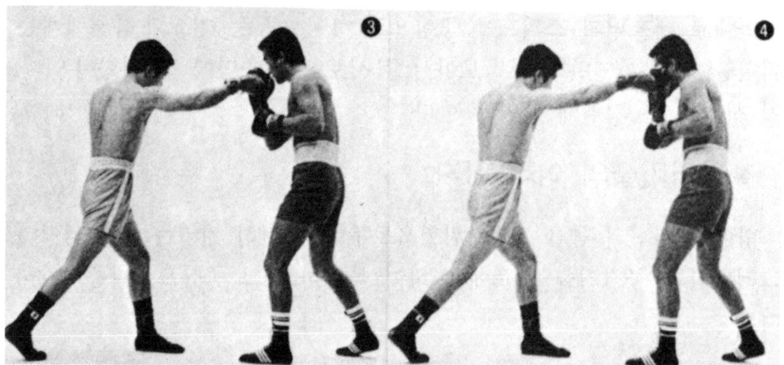

■ 오른손에서의 브로킹

왼쪽의 A가 오른쪽 스트레이트를 B의 턱을 겨누고 치자, B는 오른손으로 그것을 브로킹하여 피하고 있다.

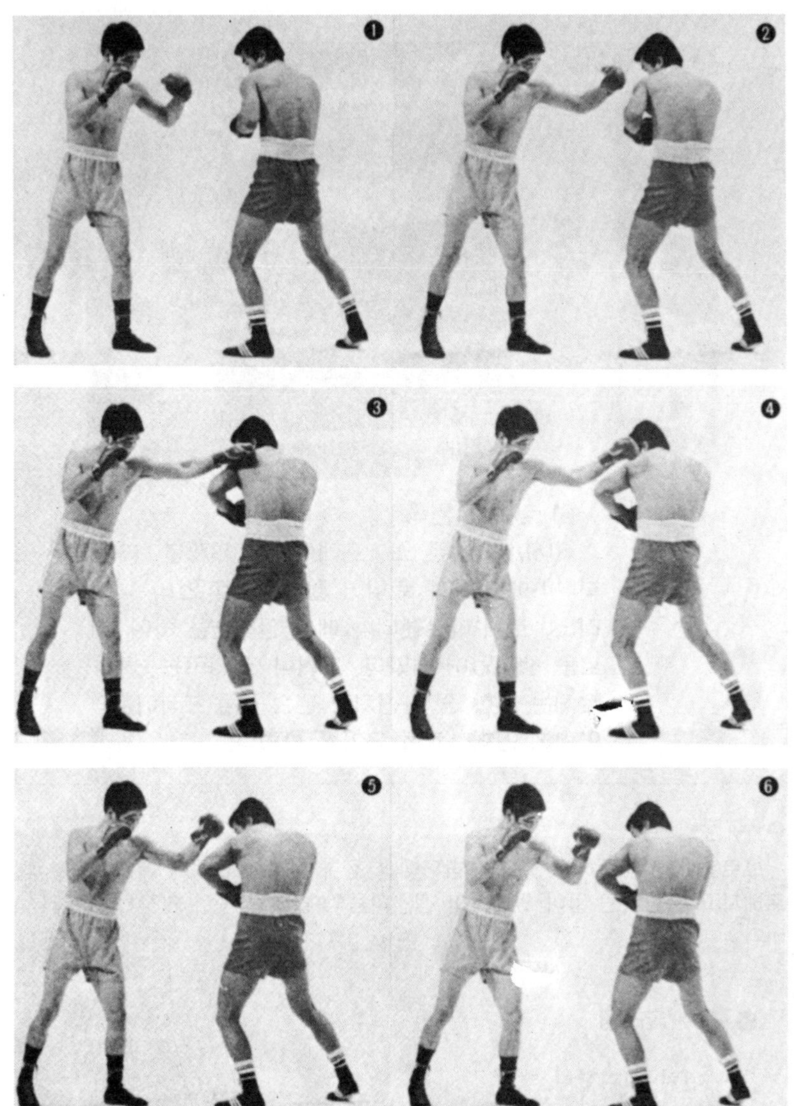

■숄더 · 브로킹
왼쪽의 A가 왼쪽 잽을 B의 턱을 겨누고 치자, B는 왼쪽 어깨를 약간 올리고 오른쪽으로 돌아 숄더 · 브로킹으로 피하고 있다.

■ 로체의 왼쪽 잽.

파나마의 알폰 죠 · 프레이저는 1972년 3월 파나마에서 세계 쥬니어 웰터급 챔피언의 니코리노 · 로체(아르헨티나)에게 판정승을 하여 새로운 챔피언이 되었다. 그러나 졌다고는 하나 로체는 시합 중 사진처럼 왼손 잽을 프레이저의 안면에 언제나처럼 묘기를 보였다.

● 주(注)

브로킹에만 의존하고 있으면 방어에 사용한 부분의 근육이 부분적으로 피로해지고 손상되는 일이 있다. 이 점, 다음의 슬리핑 쪽이 안전하고 합리적이다.

●── 슬리핑

① 펀치를 피한다.

펀치가 오는 방향에서 얼굴 또는 몸을 약간 내리고 직접 맞는 것을 피하는 방법. 숙달하면 가장 이상적인 방어법이다.

흔히 사용되고 있는 헤드 · 슬리핑은 머리를 오른쪽 또는 왼쪽 앞으로 젖히고 상대의 펀치를 자신의 어깨너머로 피하는 경우에 사용되어 있다. 또 왼쪽어퍼컷으로 보디를 겨누고 오는 경우에는 상체를 왼쪽으로 돌리는 것처럼 하고 피하면 된다. 가령 맞았다고 해도 치명적인 타격은 받지 않을 것이다.

② 동작은 최소한으로

최소한의 동작으로 펀치를 피하면 몸의 밸런스가 무너지지 않는다. 또 상대로부터 너무 떨어져 있지 않는 거리를 유지할 수가 있어서 다음의 공격 동작에 빨리 대응할 수 있다. 이것이 슬리핑의 큰 이점이다.

③ 네 개의 패턴

슬리핑에는 크게 나누어 네 가지 방법이 있다.

● 왼쪽 잽에 대한 사이드·슬리핑. 왼쪽 잽을 치고 왔을 때 왼발에 약간 가중하여 오른쪽 어깨를 앞으로 내리면서 이 오른쪽 어깨 위로 펀치를 피한다. 이것은 상대의 왼쪽 펀치를 공타시킬 뿐만 아니라 이 동작으로 상대에 대해서 인사이드·포지션을 취할 수 있는 자세도 된다.

● 오른쪽 스트레이트에 대한 사이드·슬리핑. 왼쪽 잽 때와는 반대로 오른발에 체중을 옮기고 왼쪽 어깨를 앞으로 기울이면서 펀치를 피한다.

● 왼쪽 잽에 대한 아웃사이드·슬리핑. 오른발에 체중을 옮기고 왼쪽 어깨와 허리를 오른쪽으로 돌리면서 왼쪽 어깨 위에서 피한다.

● 오른쪽 스트레이트에 대한 아웃사이드·슬리핑. 왼발을 앞으로 약간 내딛고 왼발에 체중을 걸고 다시 오른쪽 어깨, 허리를 왼쪽 앞으로 돌리고 오른쪽 무릎을 왼쪽 앞으로 굽히는 듯이 하고 펀치를 오른쪽 어깨 위로 흘러 보내면서 피한다.

❸——파링

이것은, 상대방의 펀치를 자기의 손으로 받아서 털어내는 방법이다. 쇼빙이라는 것도 있다.

슬리핑과 마찬가지로, 인사이드와 아웃사이드로 방어하는 두 가지의 사용 방법이 있다.

① 왼쪽 잽에 대한 인사이드·파링.

왼쪽잽을 오른손 손바닥을 바깥쪽으로 향하게 하고 털어낸다. 몸을 약간 앞쪽으로 내리고 오른손을 상대의 왼손 안쪽으로 가지고 간다. 다시 그 오른손으로 상대의 오른손을 바깥쪽으로 밀어내는 듯이 한다. 이때의 왼손도 상대의 다음 공격에 대비하여 확고하게 가아드하고 있지 않으면 안된다.

② 오른쪽 스트레이트에 대한 인사이드 · 파링.

오른쪽 스트레이트를 치고 오면 상체를 약간 오른쪽으로 기울인다. 왼손의 손바닥을 밖으로 보게하면서 왼손을 상대의 오른쪽으로 향해서 올리고 그 오른손을 밖으로 털어낸다.

이상의 어떤 경우에도 턱은 충분히 붙이고 파링하지 않는 반대의 손은 꼭 상대의 카운터 공격을 경계하는 것과 동시에 자신의 다음 공격 전개에 대비하고 있지 않으면 안된다.

●── 가아딩

① 공중 분해를 한다

왼쪽 훅을 크게 치고 올 때, 펀치가 오는 방향을 향해서 오른손을 가리는 듯이 올리고 상대의 왼쪽 훅을 공중에서 분해시킨다. 또 오른쪽 스트레이트의 경우 자신의 왼손을 상대의 오른편 안쪽을 밀어 올리는 것처럼하여 오른쪽 스트레이트의 힘을 도중에서 좌절시킨다. 이것이 대표적인 방법이 된다.

② 본능적인 방어

이러한 방어는 위험을 피하려고 하는 인간의 본능으로서 자연적으로 하게되는 것으로서, 현재로서는 고전적인 테크닉으로만 느낌을 준다. 그러나 지금도 무의식적으로 이 가아딩을 하는 것을 때때로 볼 수가 있다.

●── 핀닝 = 먼저 읽는다

펀치를 내리고 하는 상대의 손을 간파하고 먼저 이쪽에서 손을 뻗고 그 손을 저지하는 예방 방어라고도 할 수있다.

별명 스톱핑이라고도 한다. 예를 들면 오른쪽 훅을 겨누며 온다고

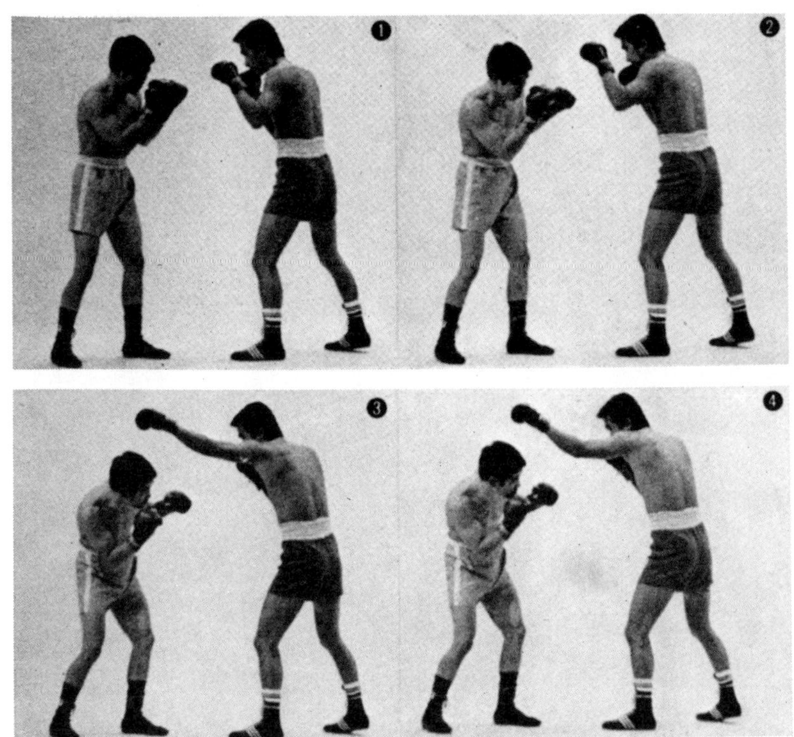

■ 슬리핑

오른쪽의 A가 왼쪽 잽을 치자, B가 오른쪽으로 머리를 젖히고 슬리핑을 하고 피한다.

본다면 왼손을 재빨리 내밀고 상대의 팔 또는 어깨를 밀거나 눌러서 펀치가 나오지 못하도록 한다.

● —— 덕킹 = 몸을 구부린다

주로 측면에서 오는 펀치에 대해서 상체를 낮게 구부리고 피하는 방어방법. 예를 들면 왼쪽 훅 또는 오른쪽 스윙을 치고 온다는 직감으로 상체와 무릎을 굽히는 듯이 하고 그 펀치를 피한다. 양손은 팔꿈치를 내리고 상체를 지키고 턱은 가슴위에 붙이고 있어야 한다.

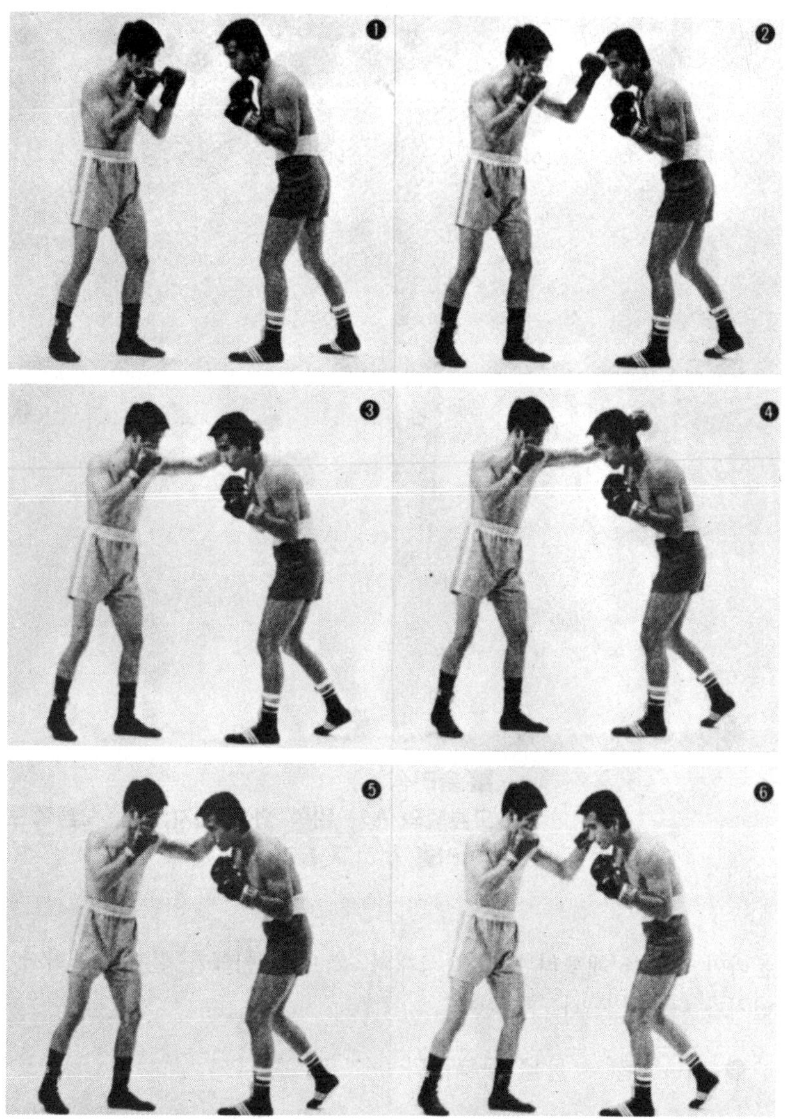

■ 슬리핑

왼쪽의 A가 왼쪽 잽을 B의 얼굴을 치려고 하자, B는 왼쪽 앞을 향하여 슬리핑을 하고 피한다.

■슬리핑　오른쪽의 A가 잽을 B의 안면에 치자, B가 머리와 상체를 오른쪽으로 이동시켜 슬리핑하여 피한다.

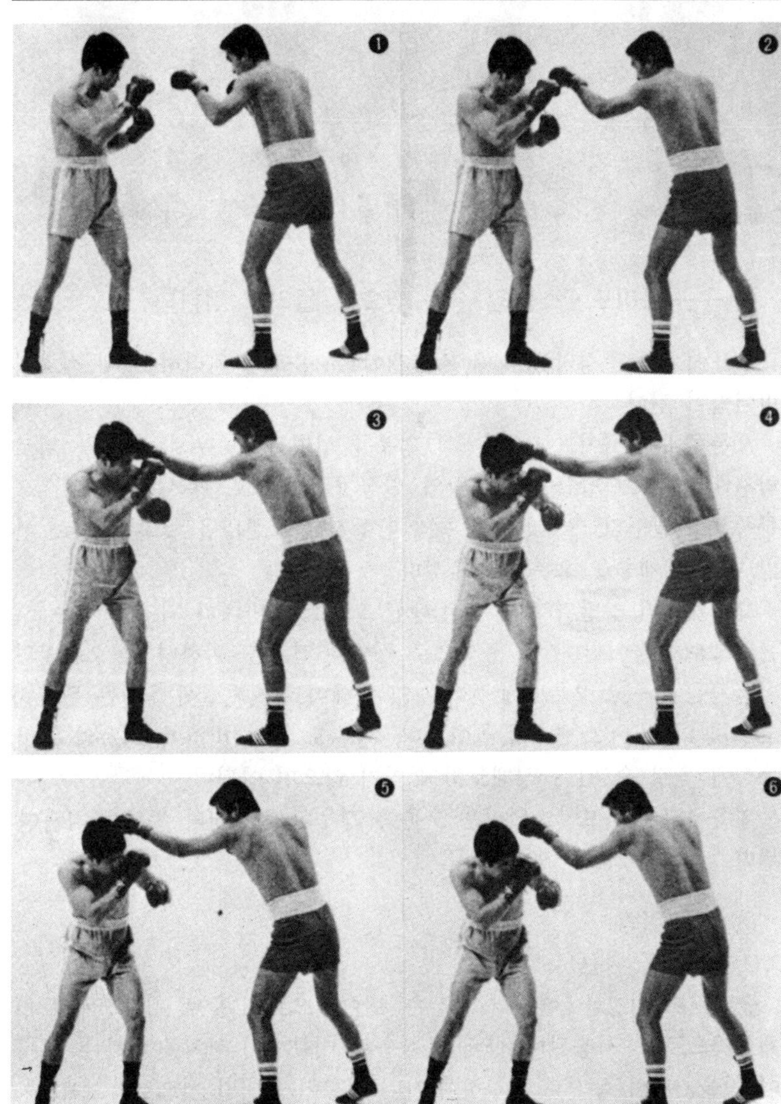

⑦—— 사이드 · 스텝핑 = 몸 옆으로 돌리고 피한다

로프에까지 추격당했을 때, 스트레이트 · 블로를 처리하는 데 절호의 방어법이 된다.

오른쪽에의 사이드 · 스텝핑의 경우를 설명한다. 우선 왼발을 뒤로 약간 내면서 그 발끝을 오른발의 발꿈치 방향으로 향하는 것처럼 오른쪽으로 돌린다. 이 왼발의 동작과 동시에 오른발을 오른쪽으로 한발 내딛고 체중을 오른발에 옮긴다.

그렇게하면 양발의 위치는 정확한 스탠스와 반대가 되고, 상체는 오른쪽으로 기울어진다. 이 동작으로 상대의 펀치를 피하면 곧 오른발의 발꿈치를 세우고 오른발에 걸리고 있는 웨이트를 왼발에 옮기는 듯이 하고 원래의 바른 스탠스에 돌아간다. 양손도 곧 대비하여 다음의 공방동작에 옮길 수 있는 상태로하고 있지 않으면 안된다.

왼쪽에의 사이드 · 스텝핑은 오른쪽 경우의 정반대의 동작을 취하면 된다.

⑧—— 위빙

① 직물을 짜는 듯한 동작

슬리핑과 덕킹을 혼합한 것같은 방어법으로써 주로 접근전에의 전제동작으로써 사용된다. 상체를 좌우로 비틀면서 펀치를 피하는 동작이 직물기계의 동작과 흡사하여 이런 이름이 붙여진 것으로써 웨브(波)

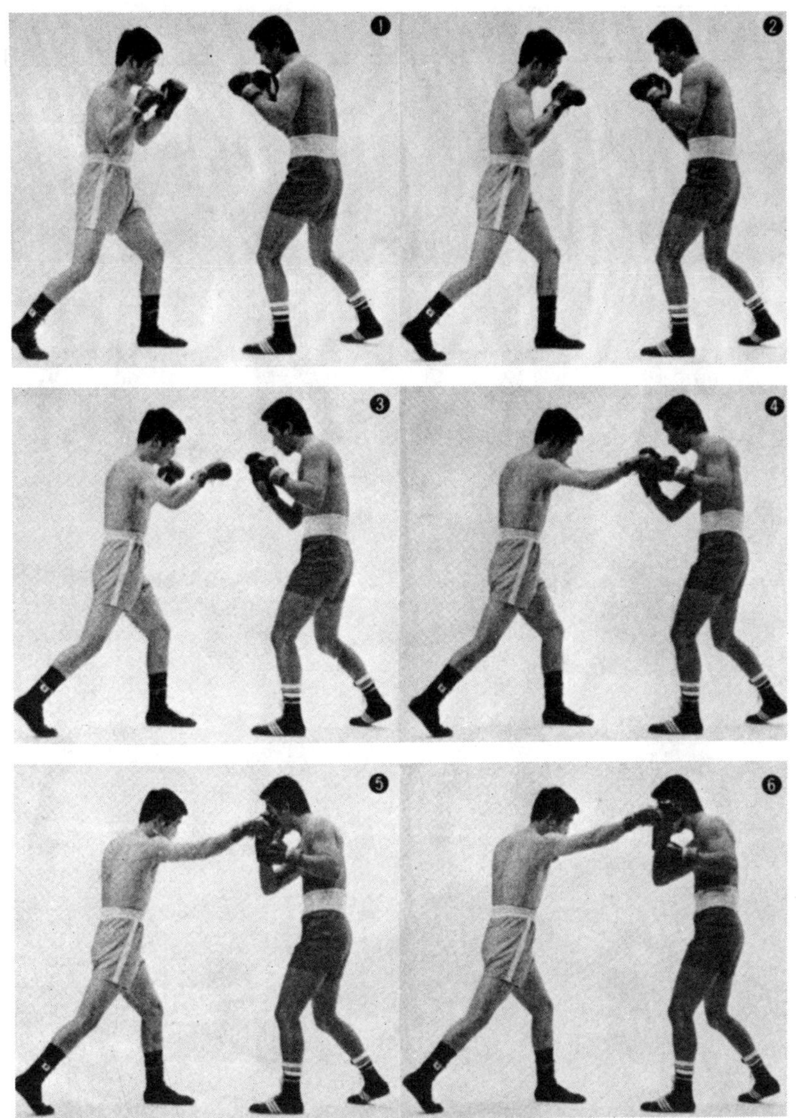

■ 파링 왼쪽의 A가 오른쪽 스트레이트로 B의 턱을 치자, B가 오른손으로 아웃사이드로 파링하여 피한다. A의 오른쪽 스트레이트는 약.

■ 덕킹

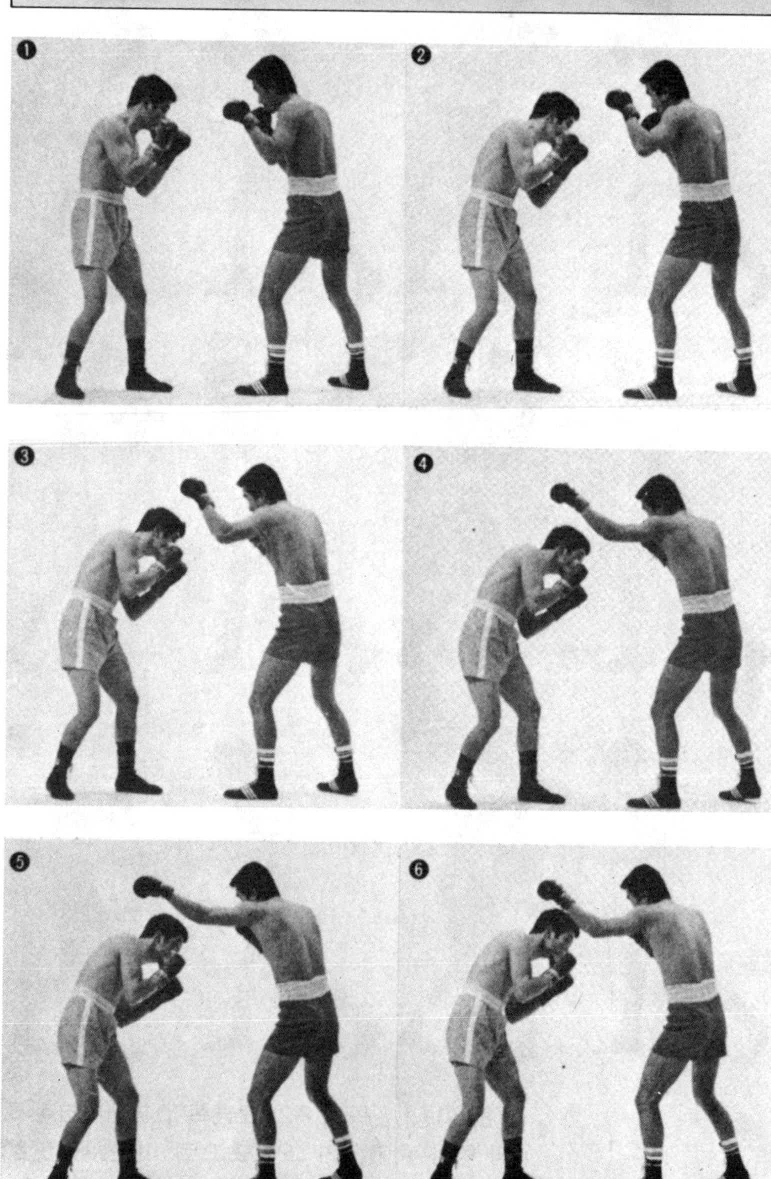

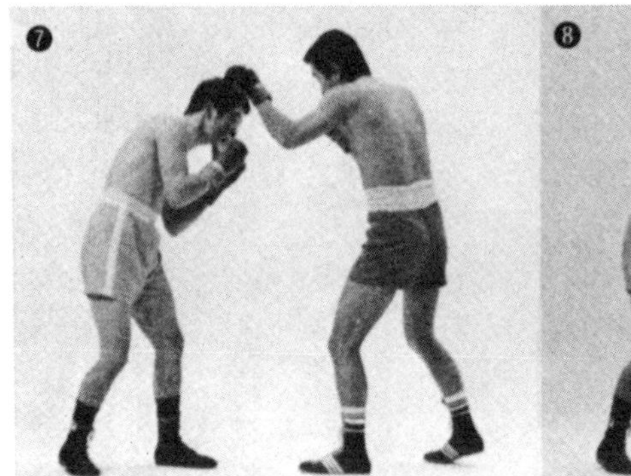

오른쪽의 A가 잽으로 B의 얼굴을 치려고 할 때, B는 상체를 구부리고 아웃사이드로 덕킹하고 피한다.

■ 위빙의 요령

① 인사이드에 위빙

② 인사이드에서 아웃사이드로 나오려고할 때

③ 아웃사이드에 위빙하고 나올 때

● 사이드 스텝핑의 요령

라고 하는 말은 틀린 것이다.

② 인사이드와 · 아웃사이드

상대의 왼쪽잽에 대해서 인사이드에 들어가서 위빙할 경우와 반대로 아웃사이드에 피해서 하는 두 가지가 있다.

● 인사이드 · 위빙

상체를 앞으로 기울이고 머리를 낮게하여 상대의 손의 밑을 지나 왼쪽으로 나온다.

●아웃사이드 · 위빙

인사이드 · 위빙이 왼쪽 방향으로 나오는 것과는 반대로 오른쪽으로 나온다.

③ 복브 · 위브

접근전에 흔히 사용되는 테크닉이라 몸이 유연하고 훈련을 쌓지 않으면 어려운 고급 방어술의 하나이다. 위빙에 머리를 상하로 흔드는 동작에 복빙을 가하여 복합화하여 상대의 펀치의 목표를 혼동시키면서 접근전을 할 때 효과가 있는 전체 동작이다. 머리가 끊임없이 상하 좌우로 이동하기 때문에 상대에 있어서는 대하기 어려운 방어이며 이것이 숙달한 복서를 복브 · 윈버라고 부르고 있다.

■ 복브·위브
복브란 약간 머리를 숙이고 상대의 훅이나 스윙을 피할 때 사용하는 테크닉이지만 단순하게 사용하는 것보다 위빙과 혼합하여 사용하는 일이 많다. 이 그림은 복브했을 때의 모습.

④ 로닝＝상체나 어깨를 회전시킨다.

상대의 펀치가 나가는 방향에 응하여 상체나 어깨를 회전시키면서 펀치의 위력을 감소시키는 방어법 그 요령은——

- 스트레이트——몸을 후퇴시킨다.
- 훅——좌우로 내린다.
- 어퍼컷——몸을 후퇴시킨다.

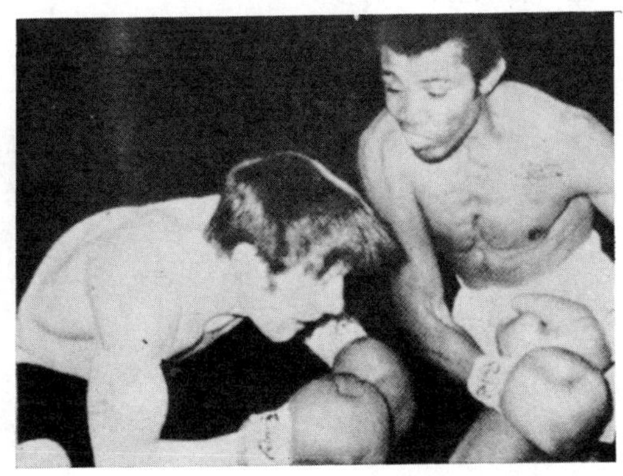

■ 왼쪽 훅에서 오른쪽 훅
구라파의 페더급 챔피언 로세·레글러 (큐바계 스페인인)는 1972년 런던의 알바드·홀에서 영국의 에반·암스트로임과 타이틀 방어전을 하여 판정으로 타이틀을 방어했다.

■ 왼쪽 훅

세계 헤비급 타이틀매치, 챔피언 프레이저가 마음먹고 왼쪽훅을 무하마드 알리의 얼굴에 치고 알리를 물리친 모습. 프레이저의 허리 동작은 오른발에 거의 체중이 옮겨져 있고 왼손의 위력으로 보기 좋게 포로·슬이 걸리고 있다.

■ 록 어웨

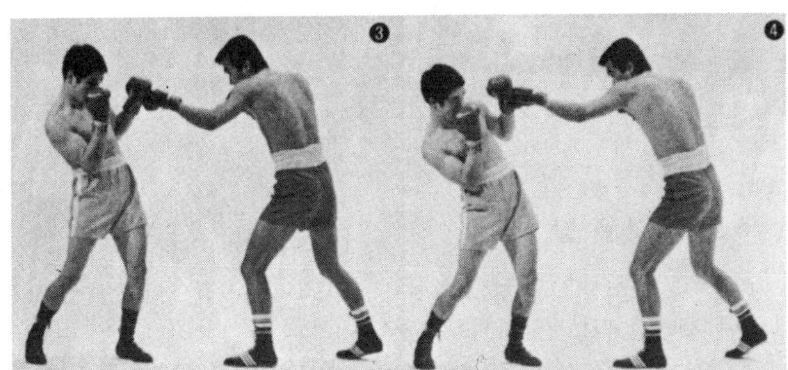

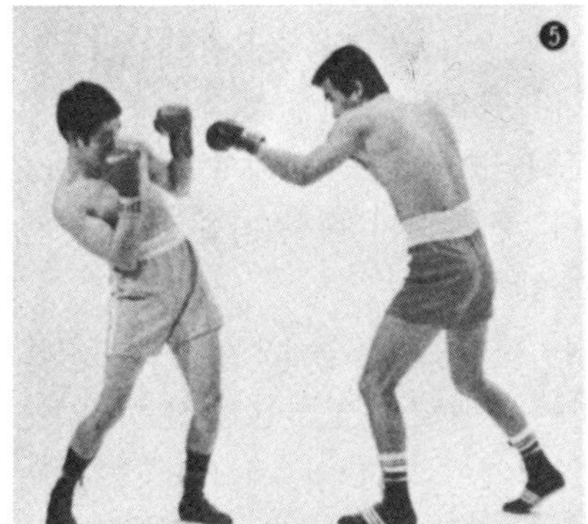

■ 록 – 어웨

오른쪽의 A가 전진, B의 얼굴에 왼쪽 잽을 치려고 하자, B는 상체를 뒷쪽으로 젖혀 록– 어웨하여 피한다.

크린칭하는 방법

풋 워크

●모든 것은 발 동작

복싱은 상대의 펀치를 잘 피하면서 자신의 마음 먹은 펀치를 상대의 급소에 쳐들어가서 그 공방의 우열을 다투는 스포츠이다. 그 공방의 비술(祕術)을 무리 없이 전개해 가려면 상대의 동작을 냉정하게 보면서 각각 변해가는 상황에 즉응하여 자신의 몸을 잘 움직이지 않으면 안된다. 거기에는 발 동작이 무엇보다 필요한 조건이 된다.

영국의 명코치 W·챠일드씨는「풋워어크는 복싱 전체의 동작의 6할을 차지하고 있다. 남은 4할은 이 풋 워크와 손 동작을 동시에 운동시키는 것이다.」라고까지 말하고 있다.

또 복싱의 매력의 하나는 발의 경미한 동작을 중심으로한 스피드에도 있다고 할 수 있다. 발이라고 하는 기동력이 없으면 복싱은 앉아서 씨름을 하는 것처럼 되어 재미없는 것이 되고 말 것이다.

●어디에서도 연습할 수 있다.

공격할 때도 방어할 때도 모두 풋 워크가 숙달되어 있지 않으면 성공할 수 없다. 그러므로 복싱에 있어서의 모든 기초가 되는 풋 워크의

■ 풋 워크의 방법

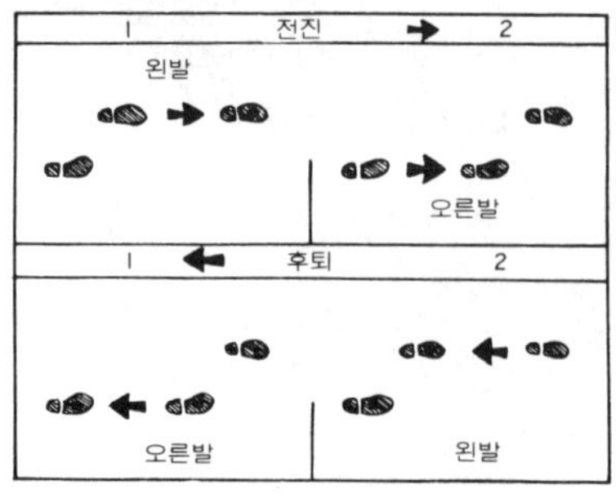

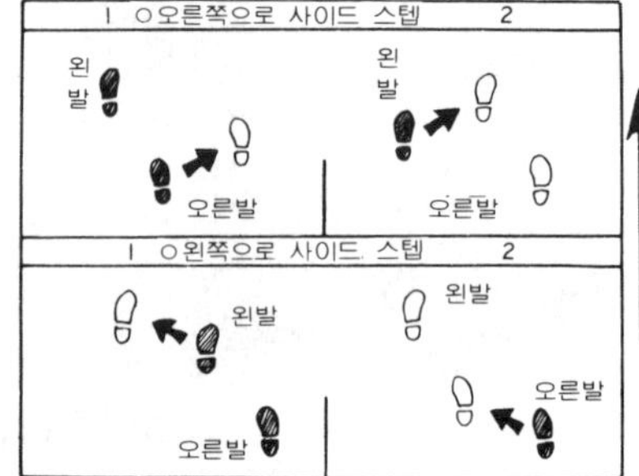

연습만은 무엇보다 정진(情進)하지 않으면 안된다. 거기에는 왼쪽 잽을 치는 훈련과 평행하여 전후·좌우 돌기를 되풀이하면서 샤드·복싱을 해야 한다.

또 체육관에서뿐만 아니라 통학 퇴근길 같은데서 여러 가지 기회를 이용한다. 복잡한 인파 속에서도 상대를 피하면서 쑥 쑥 걸어가는 것을 유의해도 이 풋 워크의 요령을 키우는 데 도움이 될 것이다.

●중심(重心)에 주의.

풋 워크에서 조심해야 할 일은 앞으로 낸 왼발 (사우스포는 반대)에 너무 체중을 실어서는 안된다는 사실이다. 여기에 웨이트가 너무 걸리게 되면 몸 동작이 둔화되어 연타공격이 마음 먹는대로 되지 않게 된다.

이 왼발 웨이트를 거는 것은 왼쪽 잽을 강하게 치려고 하는 순간 정도의 것이다.

●기본 동작

풋 워크에는 대체로 다음과 같은 기본 동작이 있다. 그 외에 사이드·스텝이 있으나 이것은 「방어 기술」의 항을 참조할 것.

①── 전진

왼발을 약 10cm 앞으로 낸다. 이때 오른발도 발끝으로 뒤로 차는 듯이 하고 왼발의 동작을 원호한다. 그리고 동시에 오른발도 왼발이 나가는 것만큼 전진시킨다.

②── 후퇴

오른발을 전진시킬 때처럼 약 10cm 뒤로 내고 왼발도 같은 보폭으로 뒤로 뺀다.

③── 왼쪽으로 돌기

왼발을 왼쪽으로 약 10cm 선회시켜 오른발도 계속해서 왼쪽으로 돌린다.

④── 오른쪽으로 돌기

오른발을 오른쪽으로 약 10cm 선회시켜 왼발도 오른쪽으로 돌린다.

●연습 요령

①——아무리 빠른 동작으로 돌아도 몸의 밸런스가 무너지면 안된다.

②——손과 발의 동작은 항상 동조(同調)하여 부드럽게 한다.

③——전진할 때 뒤의 오른발은 걷어차는 것처럼 해야 하는 것을 잊어서는 안된다.

④——양발 모두 발끝으로 하는 것은 바르지 않다. 몸이 뜨게 되고 펀치를 칠때 웨이트의 이동을 충분하게 할 수 없기 때문이다. 왼발은 바닥에 붙이고 미끄러져 나가는 듯이 하고 오른발은 발꿈치를 5㎝ 정도 올리고 발끝으로 서도록 해야한다.

⑤——특수한 경우를 제외하고는 좌우의 발을 서로 교차시키는 것은 금물이다. 몸의 밸런스가 무너지고 상대에게 허점을 공격당하게 되는 위험이 따르기 때문이다.

●밸런스를 잡는 연습

앞뒤·좌우에의 발 동작을, 양손을 자연히 내리고 편한 자세 그대로 되풀이하여 연습한다. 전체의 밸런스가 어쩐지 헐어지고 안정감이 없으면 그것은 아직도 완전히 발 동작에 몸이 동조하고 있지 않기 때문이다.

이것을 고치기 위해서는 다음과 같은 교정운동을 해본다. 자꾸만 되풀이하는 동안에 몸 전체의 중심을 안정시키는 요령을 알게 된다.

①——기본자세를 취하고 발끝으로 선다. 발꿈치를 약간 올리고 반사적으로 원 자리에 복귀시킨다.

②——같은 자세를 취하고 허리에서 위만을 좌우 교호(交互)로 기울이고 원 위치에 복귀시킨다.

③——같은 자세로 선 채 양발 무릎을 굽히지 않고 상체만을 깊이 앞으로 기울이게 하고 반사적으로 원 위치에 복귀시킨다.

④——③의 경우와는 반대로 무릎을 깊이 굽히고 상체를 뒤로 젖히고 반사적으로 원 위치로 복귀시킨다.

2

정확한 기술을 배우자

실제적인 동작을 실험해 본다

누구나 복싱을 배우기 시작하면 일각이라도 빨리 클러브를 끼고 스파링 등 실제적인 시합을 해보고 싶어할 것이다.

그러나 복싱이라고 하는 스포츠는 심오하여, 숙달하기에는 많은 험준한 길을 밟아가지 않으면 안된다. 정확한 자세를하고 민첩하게 잘 움직일 수 있는가가 복싱 습득의 제 1 보이다.

●마음먹고 동작한다

'왼쪽 잽' '몸의 밸런스' '풋 워크'의 세가지는 복싱에서는 절대로 빼낼 수 없는 기본적인 것으로서 밀접한 연쇄관계가 있다.

그러므로 대체로 그 기본을 배우면 복싱의 필링을 몸으로 직접 느낄 수 있도록 하기 위해서 글러브를 끼기 전에 이 세 가지의 기본을 구사하여 실제로 행동으로 옮겨본다.

전진 또는 후퇴, 혹은 좌우 써크링하면서 마음 먹고 왼쪽 잽을 친다. 또 빠른 속도로 치기도 하고 후퇴하면서 강하게 쳐보는 것도 좋다.

이러한 연습을 계속하고 있으면 복싱의 동작이 몸에 익숙해지고 자연히 자세가 잡혀간다. 그리고 스탠스나 밸런스, 풋 워크 등 중요한 기본을 그만큼 빨리 습득하게 된다.

●체크 한다

연습을 할 때 거울을 보면서 다음 사항을 체크해 본다.

①——왼쪽 잽을 던졌을 때 오른쪽 팔꿈치는 복부를 커버하고 있는가.

②——그때 오른손은 반 열리고 머리를 정확하게 지키고 있는가.

③——왼쪽을 쳤을 때 왼발이 동시에 그 펀치 방향으로 향하고 스타트를 끊고 있는가.

④——상체를 좌우로 기울이고 있거나 또 허리가 뒤로 남아 밸런스가 무너지고 있지 않는가.

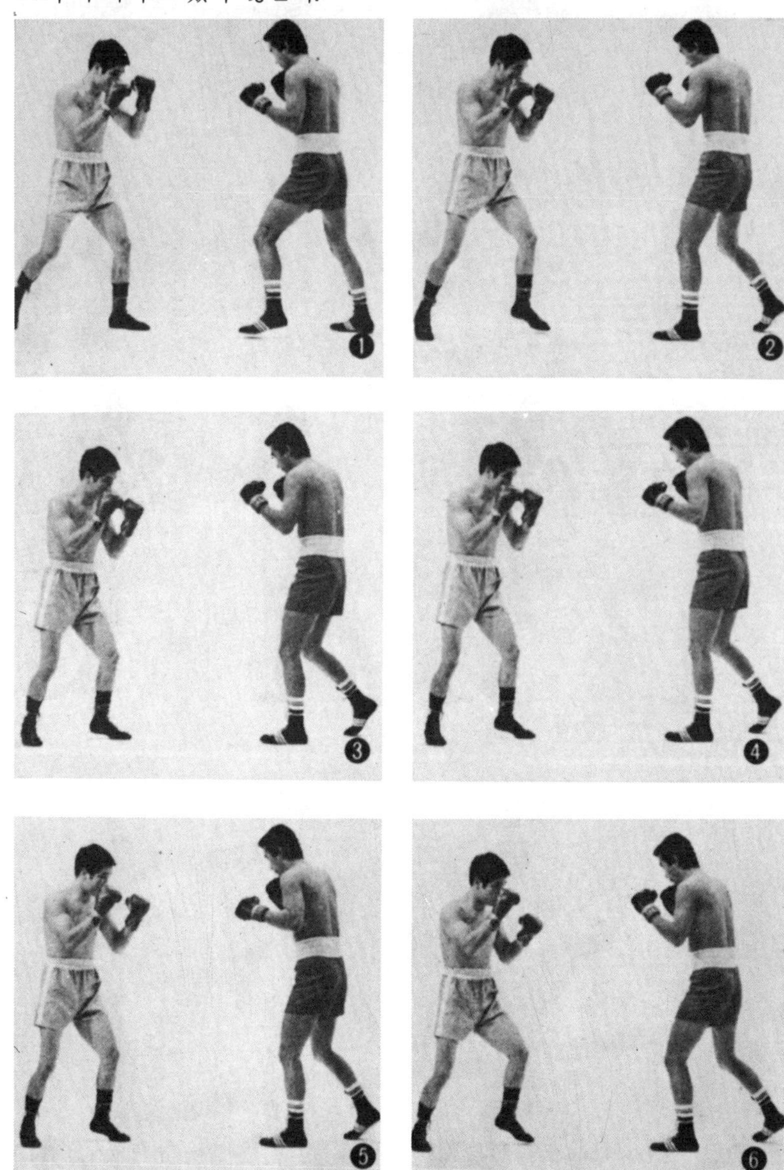

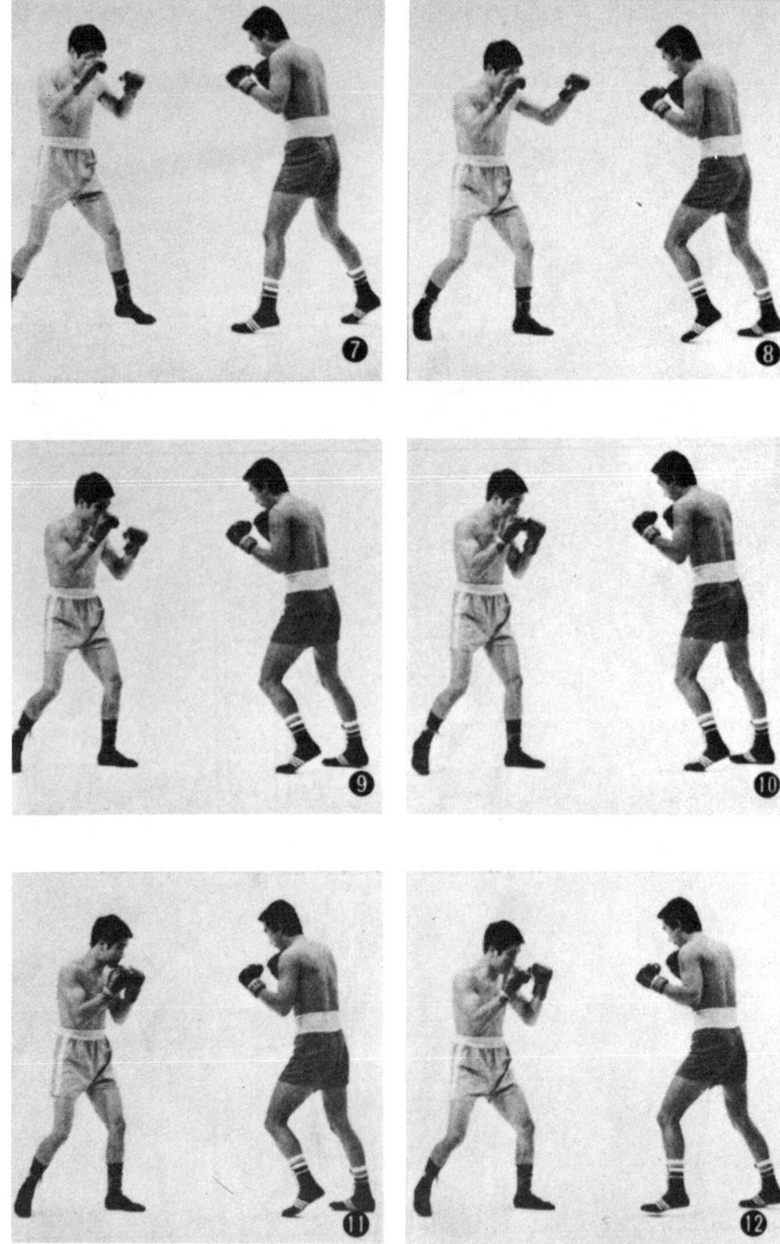
7
8
9
10
11
12

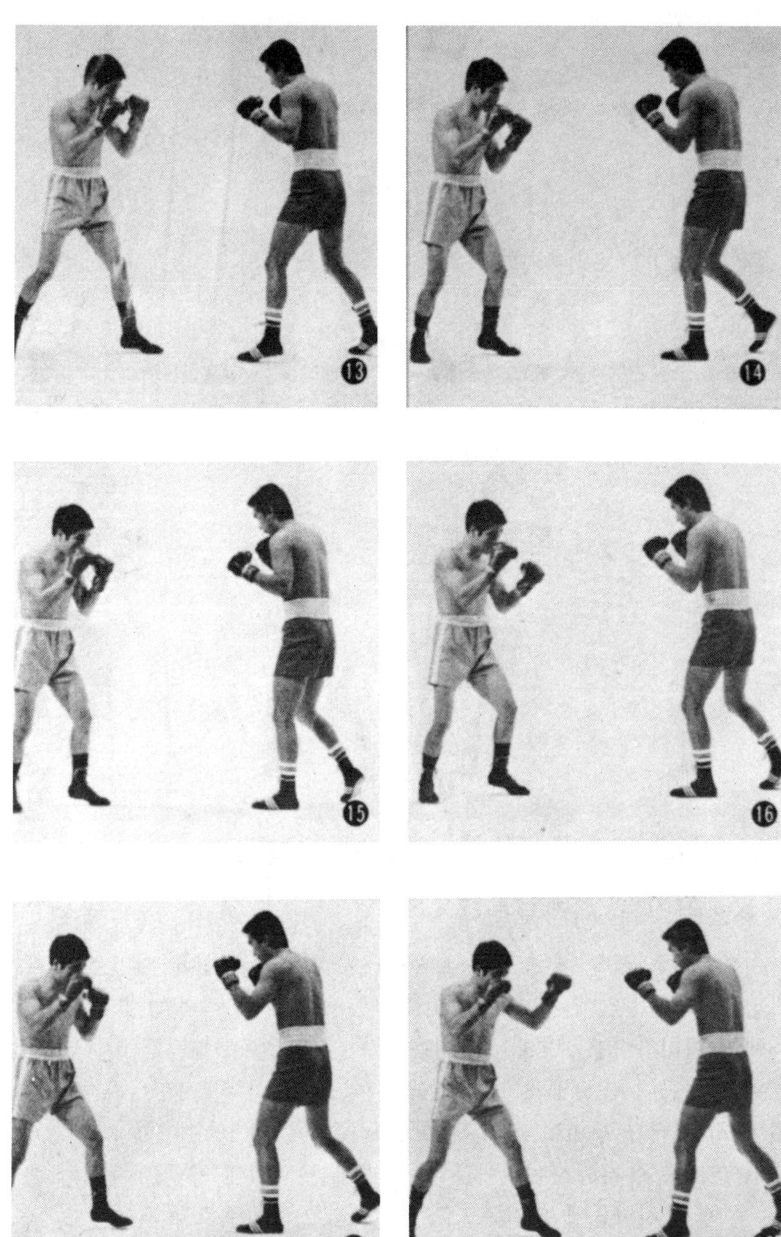
13
14
15
16
17
18

▲스파링을 시작할 때는 이와같은 상태에서 한다.

●밸런스를 재검토한다.

기본자세로 섰을 때 코치나 트레이너가 손으로 가볍게 밀면 몸이 동요하는 것은 발의 위치가 틀리고 있다는 증거이다. 움직이지 않는 상태에서 이러하다면, 링에서는 자유스럽게 움직일 수 없다.

미국의 근대 복싱에 있어서 최고의 테크니샨의 한 사람이라고 하는 원 세계 페더급 챔피언 위리·팻프는 다음과같이 말하고 있다.

「밸런스를 유지하기 위해서는 항상 정확한 위치에 양발을 두어야 한다. 그래서 시합중에는 왼쪽으로 돌기도하고 오른쪽으로 돌 때도 꼭 발의 각도를 그 방향으로 전환시킬 수 있도록 주의하고 싸워야 한다.」

■ 프레이저의 인파이팅.

세계 헤비급 타이틀매치. 챔피언인 프레이저가 도전자인 알리를 로프까지 몰아붙이고 인파이트하여 보디를 공격하고 있다.

■ 왼쪽의 A가 거리를 좁히면서 왼쪽 잽을 B의 턱에 겨누고 내밀자, B는 왼손으로 가아드하고 있다.

거리를 잡는 방법

●너무 접근하거나 너무 떨어지지 않는다.

시합이나 스파링 연습 때 아무리 정확한 스탠스를 지키고 또 풋 워크도 펀치의 타이밍이 좋아도 만족할 수 없는 일이 있다.

이것은 상대와의 거리를 잡는데 실패하고 있는 것이다. 상대와의 스페이스가 너무 떨어져 있거나 접근하고 있으면 펀치는 마음대로 맞지 않고 방어도 잘 되지 않는다. 이러할 때는 상대와의 스페이스를 좁혀보기도 하고 넓혀보기도하여 거리를 조절할 필요가 있다.

상대와의 거리를 잘 조절 못하는 원인에는 여러 가지가 있다. 어떤 때는 상체를 앞으로 너무 굽히고 있거나 혹은 스텝동작이 너무 크기 때문에 생길 때도 있다. 상대에게 너무 접근하거나 떨어지는 것은 그 복싱이 완전한 스타일로 하고 있지 않다는 증거이기도 하다. 또 그것으로 인하여 일어나는 공타에 의한 시간적 손실과 에네르기의 소모는 상상 이상으로 체력적 마이너스가 되는 것을 알고 있어야 한다.

●자신의 스타일을 만든다.

거리를 잡는 방법은 각자의 복싱・스타일에 따라 다를 경우가 있다. 즉 항상 발을 사용하여 상대와는 떨어져서 싸우려고 하는 복서・타입과, 상대에게 접근하여 인파이트의 찬스를 찾는 펀치・타입과는 그 거리를 잡는 방법은 근본적으로 다르다.

예를 들면 자신이 펀치로서 상대가 복서라고 한다. 상대의 페이스에 맞추어 떨어져서 싸우고 있다면 무리한 시합전개는 바랄 수없으며 당연히 상대를 접근전의 페이스로 유도하려고 노력하지 않으면 안된다. 그러나 접근전이라 해도 너무 붙게 되면 머리나 얼굴이 부딪치고 크린칭 상태가 되어 훅이나 어퍼컷까지도 칠 수 없게 되므로 주의해야 한다.

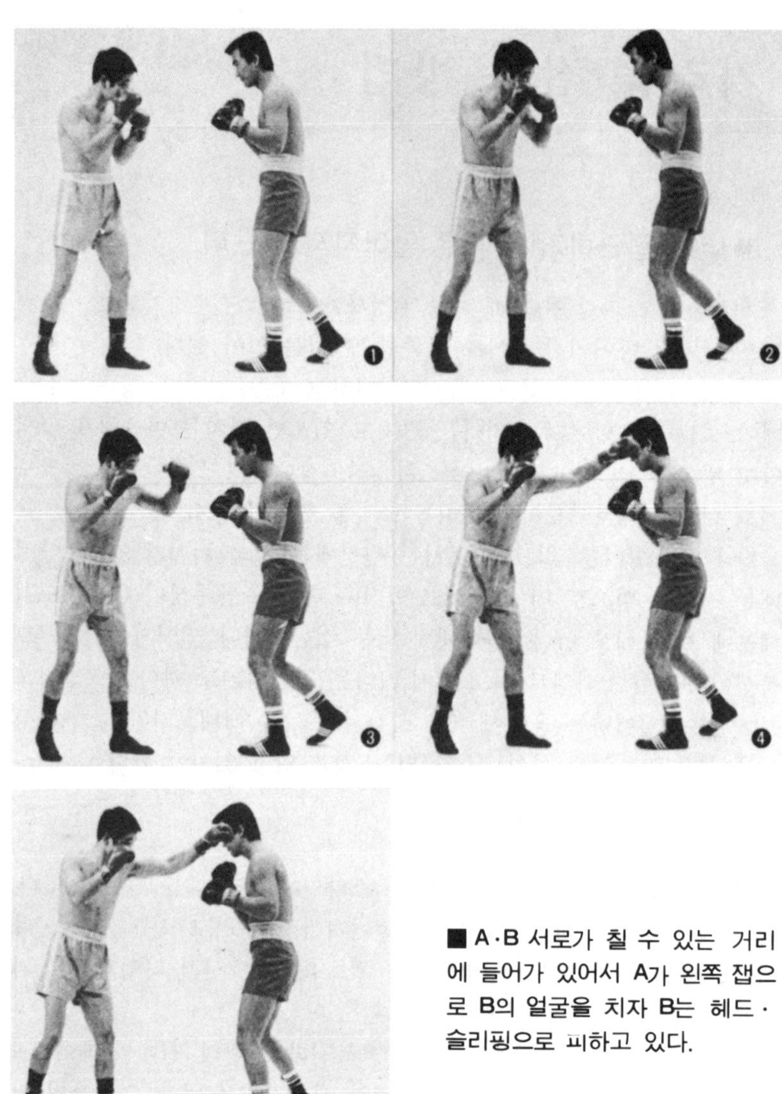

■A·B 서로가 칠 수 있는 거리에 들어가 있어서 A가 왼쪽 잽으로 B의 얼굴을 치자 B는 헤드·슬리핑으로 피하고 있다.

복싱에 있어서 적당한 거리를 잡는 것은 중요하다.

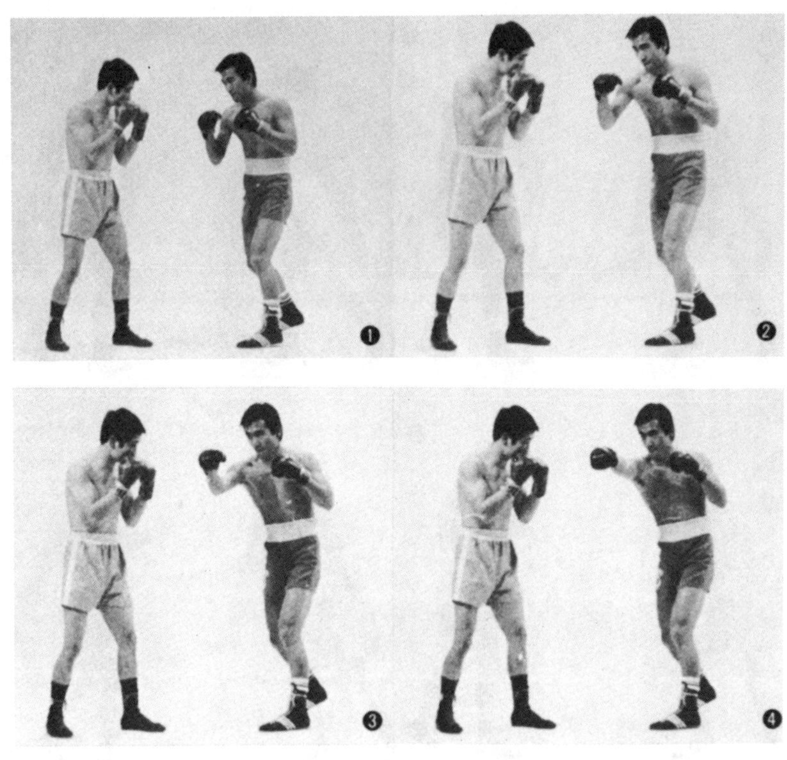

A가 오른쪽 스트레이트로 B의 얼굴을 치려고 했으나 거리가 멀어서 실패.

너무 접근하거나 너무 멀어지면 펀치에 실패한다.

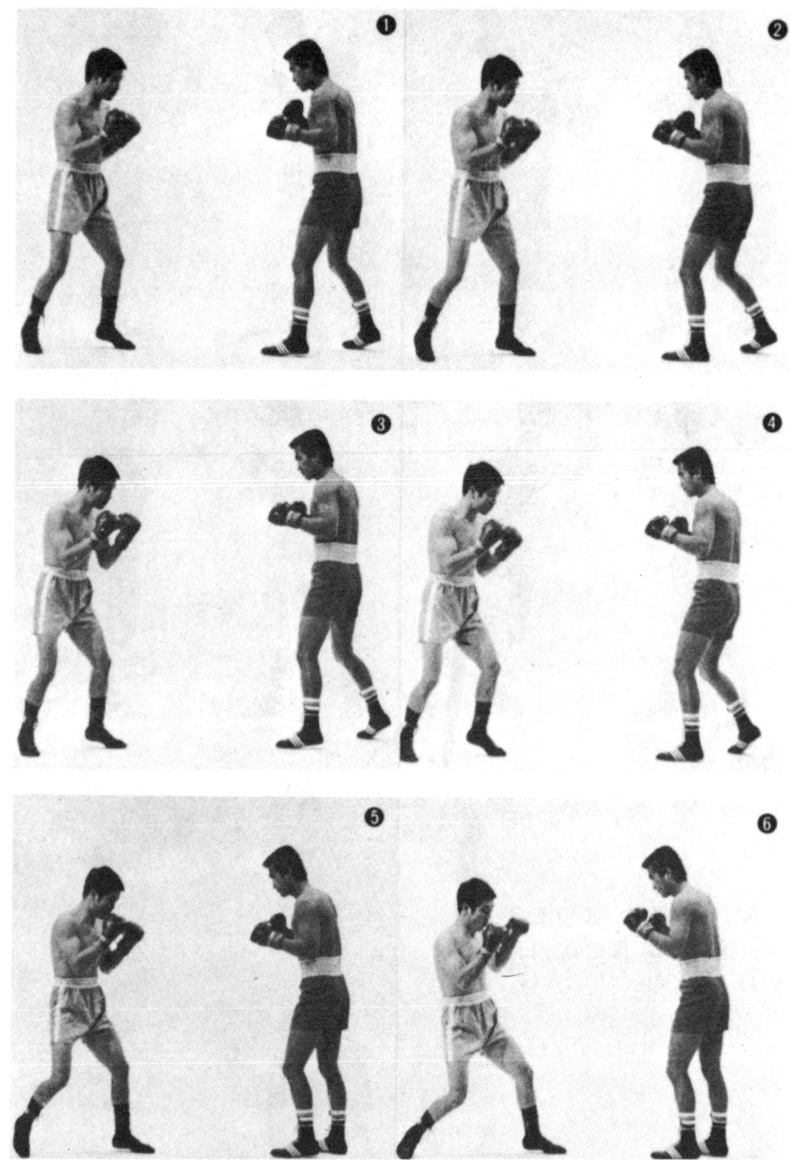

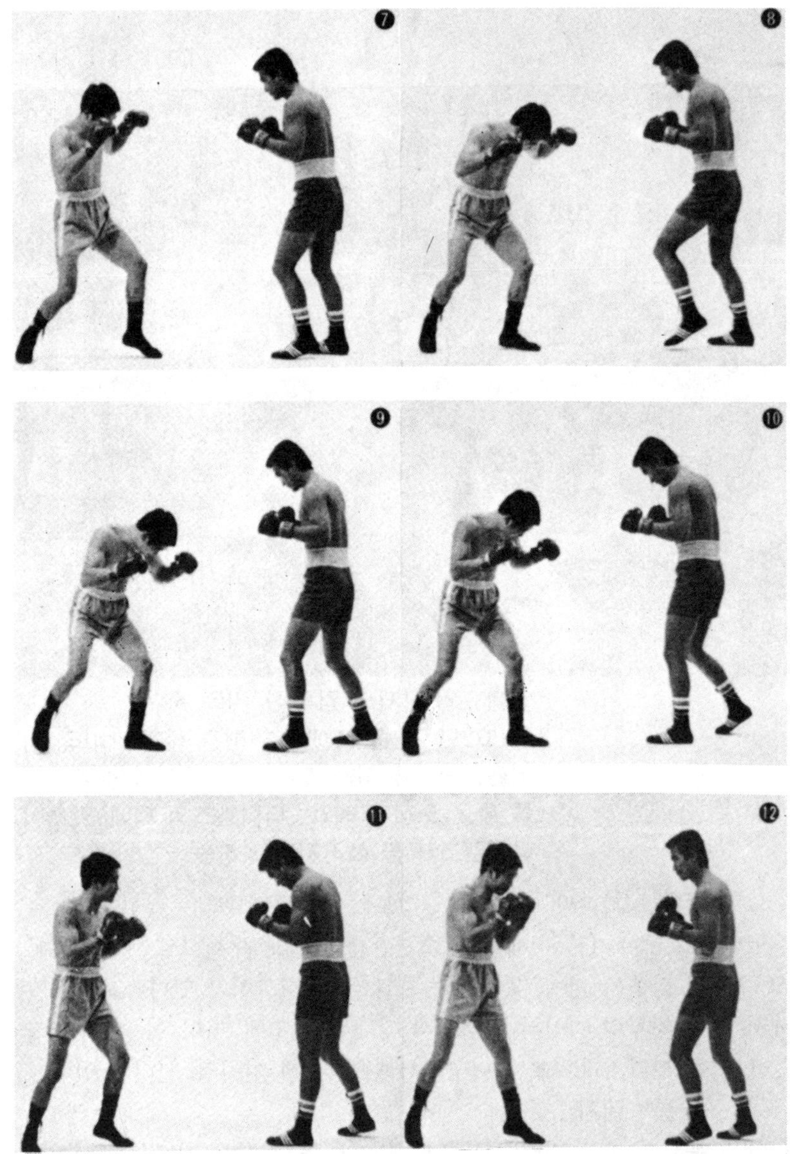

■ 아웃 · 어브 · 렌지. 이와 같이 두사람 모두 한 발 내딛지 않으면 안되는 상태를 아웃 · 어브 · 렌지(射程外)라고 하고 ⑦ - ⑩에 걸쳐서 왼쪽 사람이 상체를 굽히고 인 · 렌지(射程內)에 들어 가려고 하고 있다.

■ 프레이저의 강렬한 왼쪽 훅
1972년 뉴올린즈에서 거행된 세계 헤비급 타이틀전에서, 챔피언 죠·프레이저가 맹렬한 왼쪽 훅을 도전자 테리·다니엘즈의 턱에 맞추어 다니엘즈가 곧 쓰러지려고 하는 순간.

그럼 적당한 거리란 대체 어느 정도의 렌지를 말하는 것인가.

일반적으로는 기본 자세에서 오른손을 앞으로 수평으로 뻗었을 때, 그 주먹이 상대의 턱에 맞게 되는 거리가 좋다고하고 있다. 그러나 앞에서 말한 것처럼 자신의 스타일과 상대의 타입에 따라 이 거리를 잡는 방법은 달라진다. 크게 나누어서 다음의 세 가지의 펀터가 있다.

①——롱·렌지

아웃 복서가 잡는 거리. 크게 떨어져서 풋·워크를 사용하여 선회하면서 찬스를 보고 왼쪽 잽을 치기 위해서 스탭·인한다. 다시 찬스를 포착했을 때는 마음먹고 들어가서 오른쪽 스트레이트를 친다

②—— 미디암 · 렌지

접근전이 유리한 펀차가 복서와 대전하는 경우에 효과적인 중간거리. 작고빠른 풋·워크로 상대를 쫓아 스트레이트 펀치를 치고 들어가면 좋다.

③—— 쇼트 · 렌지

펀치가 좋아하는 거리. 로오프에까지 몰아넣었을 때 짧게. 그리고 예리한 좌우 훅 · 어퍼로 공격할 경우에 효과적이다.

●거리는 스타일로 결정한다.

이 세 가지의 펀터 중의 어떤 것을 선택하는가는 그 사람의 복싱 스타일로 결정되지만. 트레이너나 코치가 선수의 성격이나 체격을 충분히 고려하여 결정해야한다.

그러나 일반적으로 말할 수 있는 것은 신장과 팔이 긴 사람은 롱 · 렌지를 선택하는 것이 유리하며 반대로 키가 작고 끈기 있는 사람은 쇼트 · 렌지으로 싸우는 것이 성공률이 높다.

또 평균적인 사람의 경우에는 보통에는 미디암 · 렌지로 하고 상대의 약점에 대응하여 거리를 변화시켜 보는 것도 작전의 하나가 된다. 예를 들면 특히 접근전에 약한 상대일 때는 쇼트· 렌지로 철저히 싸우면 좋다.

아뭏든 거리감을 완전히 몸에 익숙시켜 어떤 난전(難戰)이 되어도 꼭 자신에게 맞는 정확한 거리를 유지할 수 있도록 해야 한다.

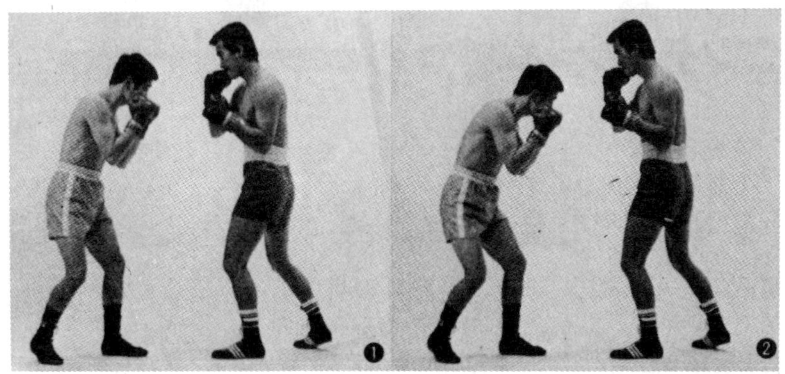

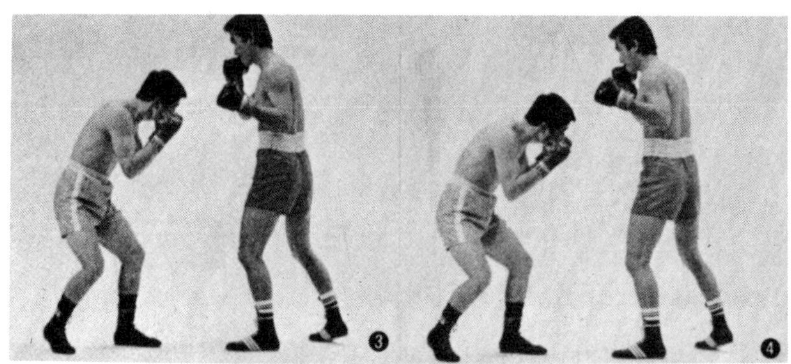

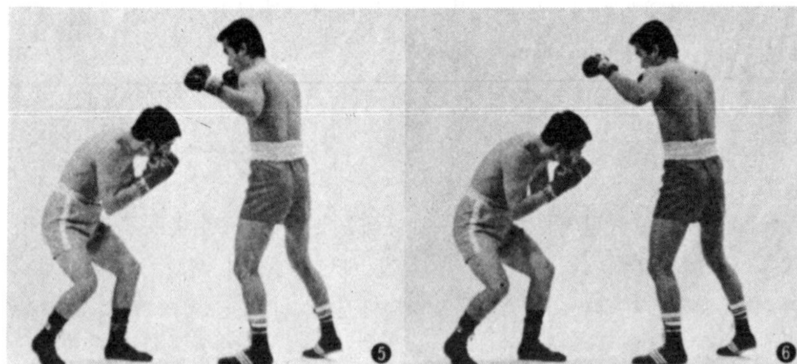

■ 왼쪽의 A가 세미 · 크라우치 ②의 자세에서 풀 · 크라우치 (③ -⑤)의 자세를 잡고 B에게 접근전을 시도하려고 하고 있다.

컨디션을 만든다

복싱을 즐기고 또 일류 복서가 되려면 엄한 연습을 중복해 나갈 수 있는 체력을 가지도록 노력할 필요가 있다.

복싱을 극복해 나갈 수 있는 체력이란 충분한 영양 에네르기를 회복시키는 수면· 금주 · 금연 등의 절제(節制), 거기다 컨디션에의 적극적인 노력으로 비로소 완성되는 것이다.

●우선 뛴다.

이 컨디쇼닝 가운데서 중요한 것은 런닝이다. 복싱에서는 이 런닝을 로드· 웤이라고 하는데 이른 아침 맑은 공기속에서 하는 것이 좋다.

처음부터 빨리 뛸 필요는 없다. 오히려 하이킹이라고 하는 것처럼 편한 마음으로 1분에 100m 정도 걸어보고 좀더 스피드를 낼 수 있게 되면 뛰어 본다. 이런 요령으로 약 2주일 동안 계속해 보면 차츰 몸에 익숙해져간다.

로드 · 웤의 장소는 교외의 포장되어 있지 않는 부드러운 길이 좋으나 그런 데가 없으면 공원 같은 데를 이용하면 좋고 또 돌계단을 올라가는 연습도 변화가 있어서 좋다.

●로드 · 웤의 포인트

로드 · 웤을 할 때 중요한 것은 상체를 똑바로 펴고 바른 자세로 언제나 쭉쭉 손을 활발하게 크게 흔들면서 달리거나 걷는 것이다.

피로하면 스피드를 내리고 경보를 하는 것처럼 걸어도 된다. 피로하다고 해서 보기 흉한 자세로 무리를 해서 뛰면 민첩성이 가장 필요한 복싱에 나쁜 버릇을 가지게 되므로 절대로 해서는 안된다.

악력(握力)을 기르는 기구가 있으면, 그것을 가지고 뛰면서 사용하면 악력을 기르게 되는 일거 양득의 효과가 있다.

●로드 웍의 준비체조

이와 같이 가벼운 로드·웍에 각력(脚力)이나 폐활량·심장의 움직임 등 몸 상태가 순응하게 되면 마침내 본격적으로 체력향상을 위해서 프로그램을 진행 시키기 위해 다음과 같은 체조를 한다.

근육과 하복부를 단련시키기 위해서 이른 아침에 로드·웍을 시작하기 전에 하면 좋다.

①——위를 보고 누워 두 손을 목뒤에서 잡고 두 발을 편 그대로 상체를 일으키는 동작을 되풀이한다.

②——똑바로 서서 무릎을 굽히지 않고 상체를 앞으로 굽히고 손가락이 바닥에 닿도록 한다. 그리고 반동을 붙여서 다음에는 뒤로 상체를 젖힌다. 이것을 반복한다.

③-②와 같은 자세로 서서, 머리 위에 양손을 펴고 손가락을 합하며, 몸을 오른쪽 윗편으로 뻗는다.

④——③ 과 같은 자세를 취하고 양손은 ③처럼 손가락을 맞추는 것처럼하여 몸을 오른쪽 위로 틀어올리는 듯이 편다. 이때 왼발의 발꿈치는 바닥에서 떨어지도록 한다. 오른쪽 위로 편 양손을 이번에는 오른쪽 밑으로 내린다. 이것을 좌우·교대로 되풀이 한다.

⑤——바닥에 두 손을 받치고 몸을 뻗어 팔운동을 한다.

⑥——직립자세에서 마음껏 뛰어 오르면서 두 다리를 벌린다. 이때 양손을 머리 위로 펴고 손바닥을 닿게 한다.

●로드·웍의 요령

이상의 준비체조를 충분히 되풀이하여 근육이 완전히 풀린 다음, 로드·웍을 시작한다. 로드·웍에 자신이 생기게 되면 2 — 3 ㎞에서 4 — 5 ㎞로 연장해 가면 된다.

로드·웍의 요령은 우선 가벼운 조깅으로 출발한다. 그리고 어느 정도 조절되면 100m 정도 질주해 본다. 그리고 다시 조깅을 하고 또 다시 단거리로 질주한다. 이렇게 되풀이하면서 보폭을 바꿔보기도 하고 동작도 여러 가지로 바꿔본다.

로드·웍 후에 샤워를 하면 한층 상쾌하고 식욕도 왕성해진다. 그러나 복서는 그 식욕을 충족시켜서는 안된다. 8부 정도로 끝내야 한다.

■챔피언의 컨디션 만들기

프레이저가 무하마드 알리와의 결전에 대비하여, 겨울 아침 다섯 시 캄캄하고 얼어붙은 길을 프드가 붙은 윈드 브레카를 입고 로드·웍을 하고 있다. 장갑을 끼고 단단한 편상화를 신고 있다.

샤워가 없으면 마른 수건으로 몸 전체를 마찰하여 땀을 완전히 닦아내어야 한다.

●생활과 연결시킨다

또 로드·웍을 하는 시간적 여유가 없는 사람은 통학·통근시에 될 수 있는 한 차를 이용하지 않고 걸어가거나, 역이나 빌딩의 계단을 2단씩 뛰어 올라가기도 하여 모든 기회를 이용하여 다리와 허리를 단련시키려고 노력하지 않으면 복서로서 필요한 몸을 만들어 낼수가 없다.

그리고 체육관에서 저녁이나 밤에 연습을 마치고 귀가 후, 그다지 피로하지 않으면 취침 전에 다음과 같이 복근(腹筋)과 목의 근육의 운동을 한다.

①——두 다리를 벌리고 위를 보고 눕는다. 두 손을 가슴 위에 놓고 상체만을 민첩하게 일으키면서 오른발 끝에 왼손을 붙인다. 다시 원 자세로 돌아가서 이번에는 반대로 오른손을 왼발 끝에 붙인다. 이 운동을 교대로 반복한다.

②——①과 같은 자세에서 두 손을 얼굴 옆에 놓고 힘차게 양 어깨와 두 발을 동시에 올리고 두 손과 양 발 끝이 닿도록 한다. 이 동작을 옆에서 보면 양 손발이 붙였을 때는 V자형이 된다.

③——위를 보고 누운 자세에서 양 손발을 바닥을 미는 듯이 하고 몸을 위로 올린다. 그리고 후두부와 두 발이 몸을 받치게 한다. 이것은 레슬링에서 잘 사용되는「브릿지」이다. 잘 될 경우에 좀 더 머리를 돌리면 이마가 바닥에 닿는 정도가 되지만, 초보자는 절대로 무리를 해서는 안된다.

브릿지를 할 수 없는 사람은 목을 좌우 앞뒤로 굽히는 운동을 되풀이하거나, 상체를 깊이 굽히고 머리를 바닥에 붙이고 머리를 중심으로 하고 상체를 돌리는 운동을 한다. 브릿지를 비롯한 이러한 운동은 모두 목의 근육을 단련하기 위한 것으로서 연습이나 시합에서 턱을 맞았을 때 그 충격을 대응하는데 도움이 된다.

●로드·웤의 효용(効用)

이와 같은 로드 · 웤으로 다리 힘만 아니라, 심장·폐장도 동시에 단련되어 복싱을 하는데 필요한 지구력을 가지도록 해야 한다. 또 실제 시합에서 무의식적으로 하게되는, 코로 숨을 빨아당기고 입으로 내는 호흡법도 습관적으로 몸에 익히게 될 것이다.

크린칭

●크린칭이란

복서가 시합중에 상대를 안거나 몸을 밀어붙여서 펀치 교환을 할 수 없게된 상태를 크린칭이라고 한다.

프로의 시합을 보고 있는 팬으로서는 제일 보기에 싫증이 나는 장면이지만, 복서에 있어서는 실은 제일 피곤하고 숨을 돌릴 수 있는「구원의 신」이라고도 할 수 있는 기회가 된다. 펀칭을 미스했을 때나 밸런스가 무너지고 쓰러지려고 할 때, 자신의 안전을 지키고 위해서 본능적으로 상대의 몸에 기대어 크린칭으로 모면할 때가 이따금 있다.

경험이 풍부한 유능한 복서에 있어서는, 이 크린칭은 상대의 몸에 기대어 필요 없는 정력을 소모하지 않고 교묘하게 휴식하는 일종의 「시합도피」의 수단으로서도 이용된다.

이것도 말하자면 교묘한 시합전술의 하나이다. 이전에 미국의 어떤 복싱 비평가는 「크린칭은 복서에 있어서 무이(無二)의 친구」 라고 했으나 참으로 함축성 있는 말이다.

●크린칭의 요령

크린칭의 요령은 우선 인파이트와 같이 상대의 접촉하는 순간적으로 재빨리 자신의 양손을 상대의 양쪽 겨드랑에 밀어넣는다.

양손을 인사이드에 밀어넣으면 옆으로여는 것처럼 하고 왼손으로 상대의 오른쪽 머리 근처로 밀어올린다. 동시에 오른손은 상대의 왼쪽 팔꿈치를 감고 자신의 오른쪽 겨드랑이 밑에 낀다. 그리고 몸을 오른쪽으로 돌리면서 체중을 상대의 오른손에 건다. 이대로의 자세로 심판의 「브레이크」를 기다리면 된다.

이때 상대가 크린칭을 풀려고하면 상대의 왼손을 축으로 하고 앞으로 밀어붙이고 스핀을 거는 것처럼 흔든다. 이렇게 하여 상대의 밸런스를 무너뜨린다.

요는 상대의 인사이드에 들어가서 양손으로 상대의 자유를 빼앗는 것이 선결조건이다. 그리고 상대의 오른쪽 겨드랑이에 밀어넣은 왼손으로 머리를 올리는 것처럼 하면 자신도 공격할 수 없으나 상대의 공격도 봉쇄할 수 있다.

상대가 크린칭을 풀지 못하도록 하기 위해서는, 왼쪽 어깨를 상대의 가슴에 밀어붙이거나 머리를 상대의 왼쪽 어깨에 돌리는 듯이 하고 왼발도 상대의 왼발에 접근시켜 놓으면 된다.

반대로 자신이 크린칭로부터 떨어질 때는 양손을 높이 대비하고 상대의 반격에 대비하는 것이 중요하다.

●선수(先手) 필승

크린칭을 할 때는 서로가 유리한 체세를 취하려고 하기 때문에 어떻게 하든 선수(先水) 싸움에 이기지 않으면 안된다. 거기에는 직감력이 큰 역할을 하게 되는데, 이것은 역시 경험을 쌓아올릴 수밖에 없다.

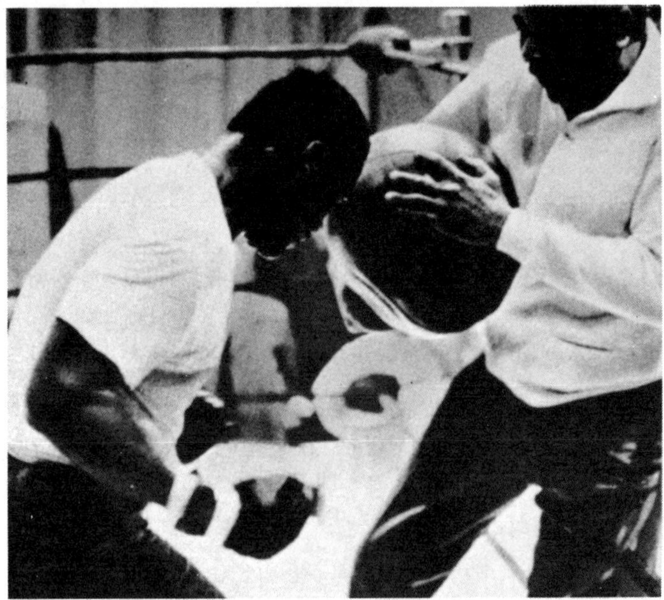

■ 인파이팅 연습

인파이팅

●복서와 파이터

복싱으로 싸우는 방법에는 대별하면 아웃·복싱과 인파이팅의 두 타입이 있다. 아웃·복싱은 상대와 거리를 크게 두고 싸우는 것이며, 인파이팅은 근거리에서 숏·블로의 공격으로 싸우는 방법이다.

아웃·복싱을 하는 사람을 아웃·복서 또는 그냥 복서라고 부르고 있는데, 이 타입은 체중에 비해서 키가 크고 손 다리가 긴 사람에게 적합하다.

한편 신장은 작으나 상체가 완고하게 발달되고 펀치가 위력이 있는 사람은 인사이드에 들어가서 공격하는 것이 유리하다. 이 타입을 인파이터 또는 펀차라고 부르고 있다.

원 세계 헤비급 참피온 무하마드·알리는 알리·샷플이라고 부를 정도로 자유자재로 빠른 풋·워크로 움직이면서 스피드한 왼쪽 잽을 날리는 전형적인 아웃·복서,한편 1971년 3 월 이 알리를 누르고 타이틀을 방어한 죠·프레이저는 인파이팅을 자랑하는 펀치의 대표적인 선수이다.

인파이팅은 주로 파이터가 하는 전법이다.

● 인파이팅의 작전

인파이팅 작전의 전형적인 패턴을 설명해 본다.

①——상대에게 잽을 치게하여 그것을 위빙, 덕킹 또는 슬리핑 등으로 피하여 그 순간에 인파이팅으로 유도하는 기회를 잡는다.

②——인사이드에 들어가게 되면 두부를 상대의 가슴부근에 밀어붙이고,훅이나 어퍼컷으로 보디를 중심으로 공격을 계속한다. 이것은 상대의 공격을 봉쇄하는 것이 된다. 이때 두부를 옆으로 내어서는 안된다. 상대에게 절호의 반격목표를 주게 되기 때문이다.

③——인파이트 중에 상대의 움직임을 판단하는 방법은 전면 밑에 보이는 상대의 동작에서 읽어낼 수밖에 없다. 이 움직임에 자신을 대응시키는 것이 된다.

●연습상의 포인트

인파이팅의 향상을 위해서는 역시 풍부한 경험을 쌓아야 한다. 평소의 연습시에는 다음과 같은 점을 유의해야 한다.

①——스파링 연습을 할 때

인사이드에 들어가는 연습을 되풀이하고, 하나 하나의 펀치를 턱·심장·간장 등 특정 목표에 정확하게 타격할 수 있도록 한다.

②——샌드백을 칠 때

왼쪽 펀치를 짧게 되풀이해서 친다. 이때 양발을 약간 여는듯 하여 밸런스를 유지하여 샌드백의 움직임에 맞추면서, 몸을 뒤로 젖히고 스웡만 하고 펀치를 교차시키는 요령을 배운다.

②——밋트를 칠 때

트레이너 또는 스파링 파트너에게 밋트를 가지게 하고 밋트를 목표로하고 모든 경우를 상정시켜 연습한다.

③——코너·복싱을 할 때

인파이트 연습뿐만 아니라 반대로 아웃·복싱으로 인파이터를 처리해 나가는 연습에도 적합하다. 코너·복싱이라고하는 것은 링의 코너를 특별히 선택하여, 코너를 이용하여 공격하는 방법과 상대의 공격을 처리하는 연습을 하는 것이다.

인파이트의 향상에는 빼낼 수 없는 트레이닝의 하나이다.

코너·복싱은 다음의 그림처럼 링의 네 구석을 이용한다.

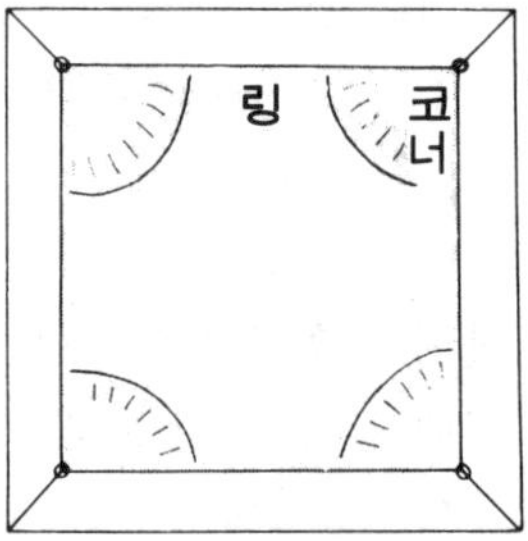

● 링의 네 구석을 이용하여 연습하면 좋다.

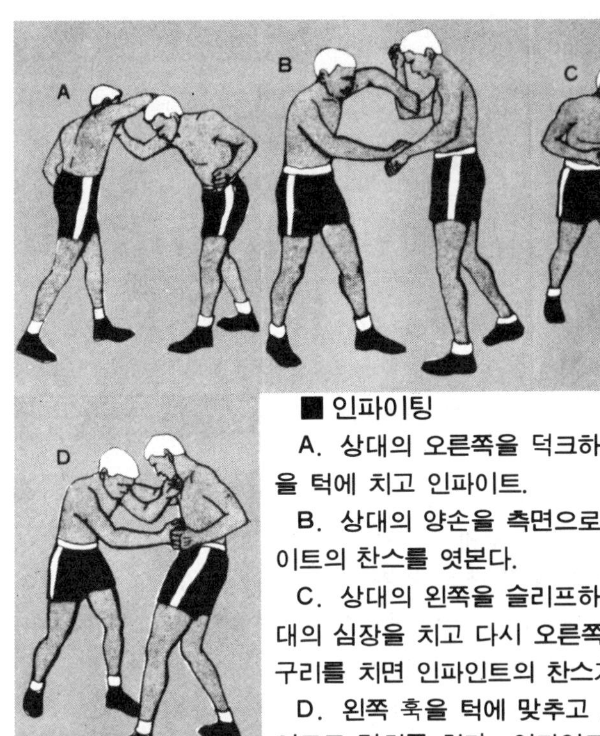

■ 인파이팅

A. 상대의 오른쪽을 덕크하고 오른쪽 어퍼컷을 턱에 치고 인파이트.

B. 상대의 양손을 측면으로 밀어 열고 인파이트의 찬스를 엿본다.

C. 상대의 왼쪽을 슬리프하고 왼쪽 훅을 상대의 심장을 치고 다시 오른쪽 훅을 상대의 옆구리를 치면 인파인트의 찬스가 생긴다.

D. 왼쪽 훅을 턱에 맞추고 오른쪽 숏·스트레이트로 명치를 친다. 인파인트의 가장 효과적인 타격법.

페팅

●페팅이란

페팅은 어떤 곳을 겨누는 듯이 하고 갑자기 다른 곳을 공격하는 두뇌작전의 하나이다.

예를 들면 왼손으로 배를 치는 동작을 보여 상대를 오인시키고 반대로 오른쪽 스트레이트로 턱을 치는 것도 일종의 페팅이다. 또 단순하게 눈 동작만으로 상대의 수비를 당혹시켜 다음의 공격을 성공시키는 것도 페팅이다.

이 밖에 머리·어깨·무릎·발 등의 동작으로 상대의 심리를 교란시키고 최후에 진짜 공격의 펀치를 치는 것도 포함된다.

제일 간단한 페팅은 왼쪽 잽을 복부에 치는 듯이 하고, 상대가 이 동작에 유인당하여 오른손의 가아드를 보디에 내렸을 때 그 왼쪽 잽을 갑자기 왼쪽 훅으로 바꾸어 턱을 치는 방법이다.

이 경우 왼손을 약간 뒤로 빼고 그 왼손을 다시 보디를 향해서 치는 듯이 한다. 눈과 상체는 하부를 겨누고 있는것처럼 보이게 하는 것도 필요하다. 왼손으로 복부를 친다고 하는 동작을 상대로 하여금 관지(觀知)시키는 것이 중요한 전제(前提) 동작이 되는 것이다.

이 왼쪽 펀치 같은 사용법은 테레폰·펀치 또는 테레글럽프·펀치라고 부르고 있는데 사전에 친다고 하는 동작을 전보나 전화로 알리는 것같은 느낌이라는데서 생겨난 것이다.

또 왼쪽 잽을 안면에 쳐서 견제하고, 상대가 오른쪽 보디의 가아드를 안면으로 올리면 틈을 주지 않고 스텝핑을 하고 왼쪽 훅을 그 보디에 겨누고, 또 이 반대로 보디를 겨누는 듯이 하고 턱을 치는 페팅도 흔히 사용되어 있다.

●조심하고 건다

그러나 이러한 페팅의 술책을 시도해보고 언제나 시합을 유리하게 진행시킬수 있다고는 볼 수 없다.

충분한 경험을 가진 복서라면 그러한 속임수를 간파하고 역으로 스탠스를 확고하게 하여 속지 않는 경우도 있다. 이렇게 되면 시합은 두 사람의 두뇌와 점착력의 경쟁이 되는 것이다.

페팅의 원칙은 보디를 겨누었을 경우 우선 안면에 견제타(打)를 낸다. 그러나 발을 사용하여 페팅을 걸 때는, 발을 움직이는 박자에 몸의 밸런스를 맞추지 못하고 펀치를 치는 체세를 자신이 스스로 무너뜨리게 하는 일도 있다.

이렇게 되면 모처럼 잡게 된 펀치를 치는 찬스를 잃게 될 뿐만 아니라, 가령 친다고 해도 밸런스가 맞지 않으면 쓸모 없는 펀치밖에 나오지 않을 것이다. 잘못하면 상대에게 카운터의 역습을 받게 된다.

또 왼손으로 상대의 보디를 겨누고 페팅을 걸었을 때, 그것을 너무 앞으로 내거나 너무 밑으로 내리거나 하면 상체의 가아드가 비게 되므로 이것도 조심해야 한다.

● 페팅을 유리하게

페팅도 다른 기술처럼 연습이나 시합의 경험을 쌓아가는 동안에 자연히 연마되어 가며, 곧 상대를 자신의 술책에 빠져들게 하는 요령을 알게 된다.

펀치는 상대와 접근해서 싸우지 않으면 불리하지만, 이러한 펀치는 어깨의 미묘한 동작만으로도 상대에 페팅을 걸 수가 있다. 어깨를 움직일 뿐이기 때문에 밸런스도 안전하게 페팅을 걸 수 있으므로 시합에서 유리한 점을 확보하게 된다.

예를 들면 세계 헤비급 챔피언 프레이저는 언제나 머리를, 어깨를 교묘하게 움직이면서 슬리핑을 하기도 하고 보빙하여 상대에게 접근해 가는데 이것도 페팅의 일종이다.

즉 페팅은 「함정 전술」뿐만 아니라 때로는 이 페팅으로 상대의 반응을 탐지하는 레이다로서도 사용할 수 있는 고등 기술이다. 이것을 무리없이 할 수 있게 되면 같은 실력의 상대와는 훨씬 유리한 시합을 전개할 수가 있다.

드로잉

●틈을 보인다

드로잉은 상대가 공격해 오지 않는 경우 유도공작을 하여 펀치를 내게 하여 그 틈을 잡아 역으로 공격할 수 있는 기회를 잡는, 일종의 양동공작이다.

이 점은 페팅의 목적과 흡사하다. 실은 페팅도 드로잉의 일종이다. 드로잉을 구체적으로 설명해 본다.

턱을 지키고 있는 오른손을 밑으로 내리고 무방비 상태라는것을 상대에게 보인다. 이 개방되어 있는 턱을 겨누어서 상대가 왼쪽잽으로 치고 오도록 유인하는 것이다.

이 함정에 걸려서 왼쪽 잽으로 안면을 치고오면 재빨리 이것을 사이드에 스립하여 오른쪽 스트레이트를 턱에 겨누고 친다. 이것으로 교착상태에 돌파구가 열리게 되는 것이다.

턱을 고의적으로 무방비 상태로 하는 위험이 있어도 어떻게 공격의 실마리를 풀고 싶을 때 사용되는 전술이 되는 것이다.

●머리로 싸운다

이 유도작전에 상대가 잘 빠져드는지 어떤지는 드로잉을 건 사람의 두뇌작전 여하에 달리고 있다.

즉 상대가 왼쪽 잽을 치고 온다. 이것을 어떻게 피하고 어떻게 카운터로 공격하는가 하는 데까지 면밀히 작전계획을 세워 놓지 않으면 모처럼의 노력도 허무로 돌아갈 뿐만 아니라 잘못하면 자신이 판 함정에 자신이 빠지는 결과를 초래할 수도 있다.

「복싱」은 발과 손만으로 싸우는 것이 아니다. 「머리로 싸우라」고 하는 것도 이런 데서 나온 말이다.

○ 밋트 치기 연습

●더블 · 싶트

아무리 드로잉을 걸어도 후퇴할 뿐 이쪽의 작전에 반응을 나타내지 않는 상대도 있다. 이러할 때는 더블·싶트라고 하는 방법이 있다.

우선「왼쪽 잽을 친다」고 하는 테레폰 · 펀치의 모숀으로 상대의 안면을 겨눈다. 이「함정」에 상대는 또 후퇴한다. 상대가 스탭 · 백을 하면 틈을 주지 않고 오른발과 왼발을 바꿔 딛고 오른발을 앞으로 스탭하면서 오른쪽 스트레이트로 얼굴을 친다.

상대가 민첩하면 이 오른쪽 스트레이트가 잘 먹여들어가지 않을런지도 모른다. 상대가 잘 피한다면 이번에는 왼발을 원 위치에 복귀시키면서 왼쪽 잽을 얼굴을 향해서 날린다.

사우스포 · 스타일이 되거나 오소독스 · 스타일에 되돌아 오기도 하기 때문에 더블·싶트라고 부르고 있다.

드로잉을 성공시키기 위해서는——

①——빠른 동작

②——정확한 펀치의 타이밍

③——시합의 정확한 상황판단

이상의 세 가지가 기본적인 포인트라고 할 수 있다.

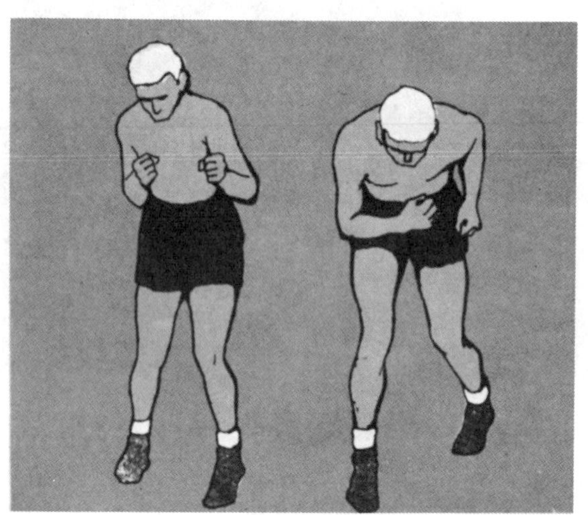

□ 더블·싶트

이것은 드롭·싶트라고도 하는 공격법이다. 왼발이 앞으로 나와 있는 자세에서 갑자기 왼발을 역후방으로 15㎝ 정도 빼내고, 오른발을 한발 바꿔 딛고 왼쪽 잽, 왼쪽 훅 또는 오른쪽 스트레이트를 치고 상대를 당황시키는 테크닉 동작은 사이드·스텝에 흡사하다.

카운터 공격

●복싱의 꽃

링 안에서 싸우는 두 사람의 복서의 심한 공방전. 이 승부 속에서 관객들에게 제일 강렬한 인상을 주는 기술은 무어니 해도 카운터·펀치일 것이다. 선명한 카운터 일발이 꽂혀 KO의 순간이야 말로 복싱의 꽃이라고도 할 수 있을 것이다.

다음과 같은 시합 장면을 상상해 본다.

펀치력을 무기로 하는 펀치가 시작부터 우세. 상대의 복서를 따라다니면서 공격해 가는 박력, 다시 좌우로 치고 들어가서 보디·블로에도 위력이 있다. 저 예리한 펀치 일발이 턱에 맞으면 승부가 난다고 생각될 정도로 펀치는 시종 공세였다.

그런데 다음 순간 무릎을 꿇고 쓰러진 것은 시종 우세를 보였던 펀치쪽이 었다. 펀치가 왼쪽 훅을 복서의 턱에 치려고 했을 때, 복서의 인사이드를 향해서 날린 오른쪽 스트레이트가 보기 좋게 카운터되어 펀치의 턱에 정면으로 명중한 것이다. 실로 역전의 일격이다. 카운터가 복싱의 꽃이라고 부르게 된 것은 이러한 데서 나온 말일 것이다.

●위력의 비밀

복서가 친 오른쪽 스트레이트는 그다지 힘 있는 펀치로서 보이지 않았다. 그런데 일견 가볍게 날린 듯한 오른쪽 스트레이트에 왜 그런 파괴력이 숨어 있는가.

우선 생각할 수 있는 것은 펀치가 왼쪽 훅을 상대의 턱에 치려고 한데 대해서, 복서가 오른쪽 스트레이트를 상대의 왼쪽 훅 안쪽을 향해서 친 것이 좋았다.

왼쪽 훅은 왼팔 팔꿈치를 기점으로 하고 왼팔을 오른쪽으로 향해서 호(呼)를 그리면서 치는 펀치다. 그에 대해서 오른쪽 스트레이트는 상대의 왼쪽·훅의 안쪽의 선을 지나 턱과 똑바로 쳤다. 호를 그리고 가는 훅은 똑바로 일직선으로 목표물로 향해서 가는 스트레이트와는 거리에서 명확하게 한 발 양보하지 않으면 안된다.

두 점을 연결하는 최단거리는 직선 (스트레이트)이다. 즉 펀치의 왼쪽 훅은 거리를 완전히 커버할 수 없는 사이에 복서의 스트레이트 때문에 그 효과를 도중에서 잃게 되는 것이다.

●파워는 배가(倍加)한다.

복서의 오른쪽 스트레이트가 아름답게 연주하게 된 또 하나의 원인이 있다.

펀치는 훅을 쳤을 때 「이 한 발」이라는 힘으로 밀고 왔다. 그러므로 몸 전체의 웨이트가 앞으로 맹렬한 속도로 밀고 있었다.

한편 복서도 오른쪽 스트레이트를 치기 위해 이도 역시 웨이트가 앞으로 움직이기 시작하고 있었다.

즉 양자가 서로 접근하면서 동시에 쳤기 때문에 먼저 상대의 목표물에 맞는 복서의 펀치는 상대가 돌진해 오는 파워를 가하면 보통의 2배의 중량이 가해지는 것이 된다.

이상과 같이 거리면에서도 훅을 능가하는 스트레이트가 카운터의 위력과 합쳐져서 한 층 더 파워가 증폭된 것이 역전 KO에의 카운터·펀치의 비밀이었던 것이다.

●카운터는 고등기술

그런데 카운터가 그만한 힘을 가지고 있다면 카운터만을 습득하고 시합을 하면 누구에게도 이길 수 있지 않는가 하고 생각하는 사람이 많은지도 모른다.

그러나 복싱의 기술은 날마다 연습을 쌓아올리고 그 노력의 결실이 조금씩 나타나게 되는 것이므로, 특히 복싱 기술의 정수라고도 할 수 있는 카운터만을 마스터하기는 어려운 일이다. 이 고등기술을 시합에서 마음대로 발휘할 수 있게 하려면 기초적인 기술을 하나 하나 연마해 나갈 수밖에 없다.

카운터의 연습을 시작하는 시기로서는 공격과 방어의 기본기술을 습득하고 이러한 총합적인 동작이 무리없이 할 수 있게 되고 다시 좌우 연타의 콤비네이션의 연습에 들어간 단계에서 병행하여 하는 것이 바람직하다.

●카운터의 종류

미국의 에드윈·하이즈레씨는 다음과 같이 말하고 있다.

「카운터 공격의 어려움과, 연타공격과 카운터와의 관계를 연구해 나가면 다음으로부터 다음으로 카운터의 공격 가능성을 생각할 수가 있다. 다시 그것을 구명(究明)해 보면 카운터 공격의 수는 아마도 700종 이상이나 될 것이다.」

이렇게도 방대한 종류의 카운터는 아무리 뛰어난 복서라 해도 일생을 통해서 배워도 모두 배울 수는 없다. 연타공격의 구성에 있어서도 또 이것과 상대적으로 실시되는 카운터 공격의 구조에도 여러가지 방법을 연구하여 그 속에서 가장 자신의 개성에 적응되는 것을 선택하여 어느 일정기간 그 수만의 연습을 쌓아 올려서 비로소 몸에 익숙해지는 것이 보통이다.

①── 초보적인 카운터

예를 들면 상대가 왼쪽 잽으로 공격해 오는 경우,오른손을 펴고 브로크하고 자신이 역으로 왼손 잽을 상대의 얼굴 또는 턱을 친다.

이것은 카운터 가운데서 가장 초보적인 것으로서 일견 정말 쉬운 것처럼 보인다. 그러나 이 카운터에서도 완만한 페이스로 스타아트하고 숙달됨에 따라 스피이트·업해 가는 방법으로 연습을 쌓아 올리지 않으면 좀처럼 잘 칠 수가 없다.

이 카운터와 다음에 말하는 라이트·크로스를 비교해 보면 카운터를 치는 타이밍과 몸 전체의 조절의 어려움을 알게 될 것이다.

②── 오른쪽 크로스·카운터

라이트·크로스는 대표적인 카운터의 하나이다.

이 타격법은 기본자세에서 우선 왼발을 앞으로 한 발 내딛는다. 이 때 오른손은 정확한 스탠스로 배운대로의 위치에서 절대로 이동시켜서는 안된다.

다음은 웨이트를 왼발에 걸고 상대의 왼쪽 잽을 오른쪽 어깨 위로 흘려보내는 듯이 하고 슬리프한다. 상체를 앞으로 기울이는 동작으로 슬리프하는 것이다.

마지막으로 상대의 왼쪽 잽을 슬리핑하면서 역으로 자신의 오른쪽 훅을 상대의 왼팔 너머로 턱을 친다.

이 연습을 스파링상대와 공격자, 방어자를 교대로 하면서 슬로·페이스로부터 서서히 속도를 가하면서 연습한다.

③—— 사이드 · 스탭을 하고 친다.

이것은 명코치였던 고 스파이크 · 웨브씨가 「이것이야 말로 복싱 전체의 동작을 무리없이 하게 하는 중점이다.」라고 권장한 테크닉이다.

우선 프엔트를 걸고 상대에 왼쪽 잽을 치게 한다. 이 왼쪽 잽이 안면에 닿는 순간 재빨리 상체를 오른쪽으로 이동시키면서 왼발을 상대의 왼발 바깥쪽에 내딛는다. 즉, 오른쪽 앞에 사이드 · 스탭을 한다. 이 동작으로 대개의 경우 왼쪽 잽은 왼쪽 어깨 위에서 피할 수 있다.

다음에는 이것과 동시에 왼쪽 훅을 보디, 특히 명치를 겨누고 친다.

■ 라이트 · 크로스
A가 B의 왼쪽 잽을 슬리프하여 피하고 오른쪽 스트레이트를 B의 턱을 카운트. 리스트 · 크로스를 오른쪽 훅으로 치는 것과 이와 같이 오른쪽 스트레이트를 치는 두가지 방법이 있다.

■ 카운터 공격

A처럼 상대의 왼쪽 잽을 오른손으로 아웃사이드 · 파아리하여 피하고 상대의 바깥쪽으로 나올때, B처럼 왼쪽 훅을 명치에 카운터한다. 이 카운터는 A에서 오른쪽 스텝을 하고 B에서는 왼쪽 스텝을 하는 것에 특징이 있다.

C 상대의 왼쪽 잽을 인사이드 · 파아리하여 피하고 허리를 충분히 오른쪽으로 돌리고

D 왼쪽 어퍼컷이나 왼쪽 훅을 간장에 카운터 한다.

●방어에서 보는 카운터

이상의 세 가지 예에서 알게 되는 듯이 카운터 공격은 상대의 펀치를 어떻게 유인하고 다시 그것을 어떻게 처리하는가 하는 데에서 그 단서가 열리게 되는 것이다.

따라서 이번에는 방어면에서 보는 카운터를 생각해 본다.

①——파아리

1. 오른손으로 상대의 왼쪽 잽을 아웃·사이드에 파아리하고 왼쪽 훅을 복부에 친다.

2. 상대가 오른쪽 스트레이트를 치고 오면 왼손으로 인사이드·파아리하여 오른쪽 훅을 턱이나 보디에 친다.

3. 왼쪽 잽, 왼쪽 훅의 경우 인사이드·파아리하여 왼발을 한 발 앞으로 내딛여 왼쪽 어퍼컷으로 간장을 보고 친다.

②——슬리핑

1. 상대의 왼쪽 잽을 안쪽에 슬리프하고 상체가 앞으로 기울이는 힘으로 오른쪽 스트레이트로 심장을 친다.

2. 오른쪽 스트레이트를 바깥쪽에 슬리프하고 왼쪽 어퍼로 턱이나 보디를 친다.

3. 오른쪽 스트레이트를 안쪽에 슬리프하고 왼쪽 어퍼로 명치를 친다.

4. 왼쪽 잽을 치고 오면 몸을 왼쪽으로 돌리면서 바깥쪽에 슬리프하고 오른쪽 스트레이트를 인사이드로 털고 턱을 친다.

③——사이드·스텝핑

1. 왼쪽 잽을 바깥쪽으로 사이드·스텝핑으로 피하고 왼쪽 훅으로 턱을 친다.

2. 왼쪽 잽을 안쪽으로 사이드·스텝핑으로 피하고 오른쪽 어퍼를 턱에다 쳐올린다.

3. 왼쪽 잽을 바깥쪽으로 사이드·스텝핑으로 피하고 오른쪽 어퍼로 턱을 친다.

4. 오른쪽 스트레이트를 치고 오면 안쪽으로 사이드·스텝핑 으로 피하고 왼쪽 잽으로 강하게 턱을 친다.

이러한 카운터는 세 가지의 방어를 중심으로 생각할 수 있는 대표적인 것이다.

●카운터의 요령

카운터를 성공시키는 요소는

①——정확한 타이밍

②——상대와의 정확한 거리

③——이 두 가지를 백·업하는 몸 전체의 소화력.

이상의 세 가지가 일체가 되어 비로소 미묘한 테크닉이 연출 된다.

또 더욱 총괄적으로 본다면——

①——완전한 간파(看破)

②——간파한대로 실행할 수 있는 정확한 공방 테크닉.

③——플랜을 상대에게 예상시키지 않고 실행할 수 있는가?

——이러한 것이 성부를 결정하는 열쇠가 된다.

이러한 카운터를 완성시키기 위한 과정을 보면 거의 모든 카운터는 초보적인 단계에서 배운 간단한 방어와 공격의 테크닉의 조립에 불과하다는 것을 알게 된다.

그러나 이 간단한 기술의 조립도 카운터로서 잘 구성되면, 실전의 링 위에서는「최고 기술」로서 면목을 발휘하게 되는 것이다.

오른손잡이와 왼손잡이의 대전

●대비하는 자세에 대해서

오른손잡이 즉 오소독스적인 자세를 취하는 복서가 왼손잡이(사우스포·스탠스)상대와 대전하는 포즈를 보면 웬지 이상한 느낌이 든다. 자세가 전혀 반대로 되어 있기 때문이다.

오른손잡이의 왼손과 발은 앞으로 나와 있고 왼손잡이는 반대로 오른쪽의 손발이 앞으로 나온 자세가 되어 있다. 즉 대비하는 자세가 완전히 반대이며 오른손잡이의 왼쪽 손발과 사우스포의 오른쪽 손발이 항상 접촉하는 모양이 된다.

따라서 이 포즈에서 잽을 칠 경우 양자 모두 상대의 앞으로 나와 있는 손이 장애물이 된다. 오른손잡이의 왼쪽 잽은 왼손잡이의 오른손으로 브로크 되고, 왼손잡이의 오른손 잽도 그와 같이 상대의 왼손으로 간단하게 브로크 된다.

이것을 해결하기 위해서는 오른손잡이는 왼발을 왼쪽 앞으로 스텝하여 좌회선(레프트·써어클)을 되풀이하면서 오른쪽 훅(스트레이트)을 치고, 한편 사우스포의 경우도 그와같이 오른손잡이의 동작의 반대로

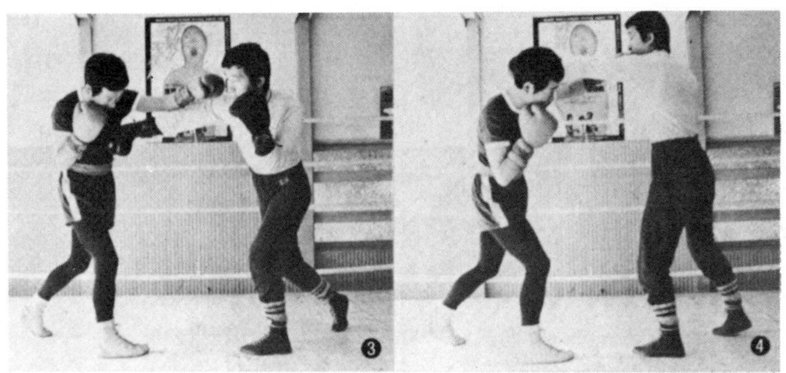

상대의 공격을 피하여 카운터를 친다. 상대가 오른쪽 스트레이트로 보디를 치고 오는 것을 뒤로 피하여 왼쪽 스트레이트를 역으로 상대의 안면에 카운터한다.

상대의 왼쪽을 아웃사이드로 피하고 오른쪽 훅을 카운터.

우회선(라이트 · 써어클)하면서 왼쪽 훅(스트레이트)으로 얼굴이나 보디를 공격한다.

공격할 때의 스텝은 모두 상대의 발바깥쪽(오른손잡이의 경우는 상대의 오른발 바깥쪽)에 위치하는 것이 바람직하며 훅, 스트레이트 등

상대의 왼쪽 잽을 오른쪽 아웃사이드에 더크로 피하고 오른쪽 어퍼컷을 상대의 옆구리에 카운터한다.

의 공격으로 상대의 밸런스를 무너뜨리게 한다.

또 이 경우의 방어는 모두 손이나 팔꿈치로 브로크하면 된다.

이와 같이 오른손잡이와 왼손잡이의 대전에서는 선제(先制) 잽은 견제(牽制)적인 목적으로 사용하는 이외에 큰 효과는 없으며 오히려 오른쪽 훅(오른손잡이는 왼쪽 훅)이 선제 펀치로서 유효하다. 이것이 카운터로서 사용되면 수배의 효과를 기대할 수 있을 것이다.

●어느쪽이 유리하는가.

왼손잡이와 오른손잡이가 대전하는 경우 대체 어느쪽이 유리하는가.

물론 개인차는 있으나, 일반적으로는 왼손잡이가 유리하다고 말하고 있다. 그 이유는 오른손잡이에 비해서 왼손잡이는 그 수가 적기 때문이며, 오른손잡이는 사우스포와 만나게 되는 기회가 적은데 비해, 사우스포는 오른손잡이와 연습 때도 그렇고 항상 접촉하고 있어서 숙달되어 있기 때문이다.

그러나 미국에서는 약간 사정이 다르다. 미국에서는 태어날 때부터의 사우스포가 많으나 복싱을 시작할 경우, 사우스포도 오른손잡이와같은 자세로 고치고 연습하는 것이 보통이다.

일반적으로 말해서 미국의 프로 복싱계에서는 사우스포를 그다지 좋아하지 않고 있다. 사우스포에는 카운터를 엿보는 소극적인 전법을 쓰

오른쪽 잽을 상대의 얼굴에 치고 상체를 굽히고 인파이트하려고 상대가 나오는 동작을 보고 있다.

는 사람이 많기 때문에 매치매이커도 또 대전상대도 하기 까다로와서 될 수 있는대로 피하려고 하는 경향이 있다.

사실 미국이 낳은 사우스포·스타일의 세계 챔피언은 라이트· 헤비급의 매리오·배치나 등 수명을 헤아릴 정도에 불과하다.

이와 같이 미국에서는 원래 왼손잡이가 오른손잡이의 자세로 바꾸는 예가 많으나 유사시에는 본래의 왼손이 앞으로 나오게 되므로 왼쪽 훅, 왼쪽 어퍼에 위력이 있는 것이 된다. 상대에게 강렬한 선제타가 되고 또는 일반 KO의 공격도 된다.

이것에 좋은 예가 세계 헤비급 챔피언 죠·프레이저이다. 90%에 가까운 높은 KO율을 자랑하고 있는데 그의 주무기는 거의 왼쪽 훅에서 나오고 있다. 그는 본래 글을 쓰거나 식사를 할 때도 왼손잡이지만 오른손잡이의 자세로 복싱을 해온 결과, 그런 선수로 성장한 것이다.

어떤 사람은 미국과는 반대로 오른손잡이가 일부러 사우스포로 전향하려고 한다. 그러나 오른손잡이는 어디로 가나 통하는 표준 스탠스임이므로 일부러 바꿀 필요는 없다고 본다.

다만 사우스포와의 대전에 대비하여 왼쪽으로 도는 풋·워크와 오른쪽 펀치의 연습을 하는 것이 중요하다.

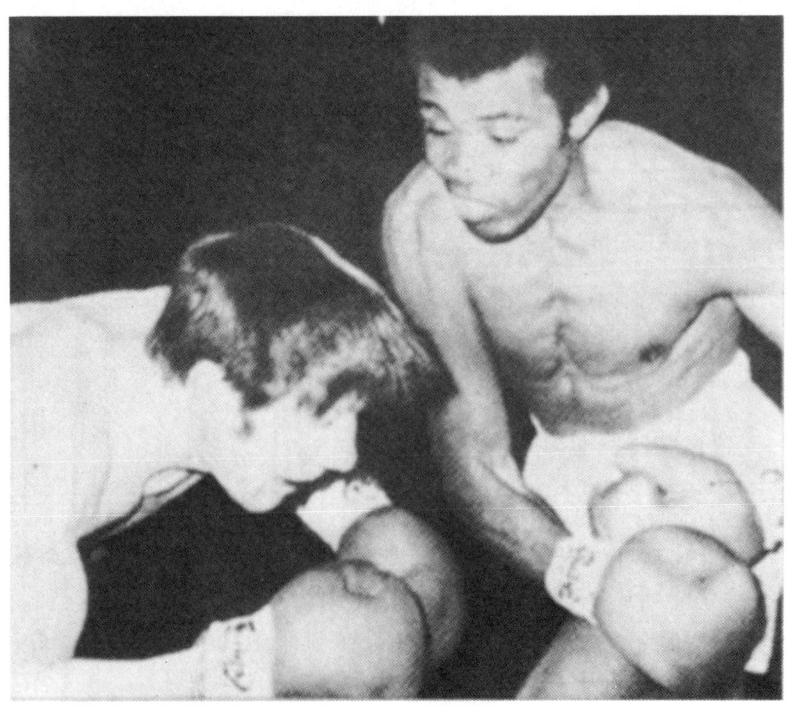

초보자에게 적합한 연타공격

●계산된 연타를 친다

복싱 시합에서는 예측하지 않았던 일발의 펀치가 잘 맞아 상대를 간단하게 KO시키는 일이 흔히 있다.

또 어떤 때에는 그 반대로 얼굴이나 보디를 연타해도 상대를 비틀거리게할 정도의 충격 밖에 주지 못할 경우도 있다.

전자는 펀치의 타이밍이 예상 이상으로 좋았거나 상대의 방어가 나빴기 때문이다. 또 후자는 계획 없이 닥치는 대로 난타해도 펀치를 치는 자세가 잡히지 않고 있으면 펀치는 효과적으로 위력을 나타내지 못한다는 것을 나타내고 있다.

후자의 경우 프로의 일류 선수라면 그 찬스를 돌파구로하여 확실한 포로・업(몰아넣는다)으로 일시에 승리로 연결시킬 것이다. 거기에는 계산된 펀치의 리레이로 최후의 「크린・쇼트」가 틀림없이 생겨난다.

●리드미컬하게 친다

왼쪽 잽이 상대의 안면에 두 세발 맞았다고 느끼게된 순간,이번에는 오른쪽 스트레이트를 턱에. 상대가 비틀거리면 틈을 주지 않고 왼쪽 훅을 짧게 재차 턱을 치고 다운을 빼앗는다.

이것이 훌륭한 콤비네이션・블로의 하나의 패턴이다.

왼쪽 잽에서 오른쪽 스트레이트, 이것을 보통 원・투・블로라고 하는데 이 원・투・블로에 또 하나 깨끗한 왼쪽 훅을 여분으로 첨가시킨 예다.

이와 같이 리드미컬하게 펀치를 치지않으면 깨끗한 복싱을 기대할 수 없다. 펀치를 연속적으로 치려면 스파링이나 섀드・복싱으로 항상 이러한 연타를 되풀이해서 연습하고 자연적으로 나올 수 있도록 몸에 배어 있지 않으면 안된다.

왼쪽 잽을 치면 반사적으로 오른쪽 스트레이트가 포로・업되고 다시 왼쪽 훅이 결정타가 되도록 리듬을 타고 나오게 되도록 하는 것이 중요하다. 말하자면 컴퓨터처럼 보턴을 누르면 척척 나오는 것처럼 배워 놓았던 것을 발휘할 수 있도록 해 놓아야 한다.

●원・투・블로

왼쪽 잽으로 안면을 치면 틈을 주지않고 오른쪽 스트레이트를 친다. 이것은 가장 기본적인 연타이다.

연타라고 해서 왼쪽이 아직 목표에 닿지도 않는데 당황하여 스트레이트를 치는 일은 금물이다. 당황하면 결정타가 되는 오른쪽 스트레이트의 타이밍이 틀리는 일이 있기 때문이다.

틀림없이 왼쪽 잽이 맞았다고 하는 느낌을 확인하고나서 오른쪽 스트레이트를 치지 않으면 안된다. 오른쪽을 칠 때 오른발 발끝으로 뒤로 킥하는 듯이하고 웨이트를 왼발에 옮기고 오른쪽 어깨를 왼쪽으로 돌리고 충분히 파워를 맞추는 것이 중요하다.

동시에 다미 치기와는 달리 상대는 쉬지 않고 움직이고 있다는 사실을 잊어서는 안된다. 공격할 때는 상대가 그 공격을 어떻게 방어하는가 혹은 반격해 오지 않는가를 사전에 예상해 놓아야 한다.

겨누었던 왼쪽 잽이 상대의 왼쪽 잽의 카운터로 역으로 스톱당하는 일도 있으며 풋・워크로 가볍게 후퇴하면서 도망가는 것도 생각해 놓을 필요가 있다.

또 상대가 나오는 방법 하나로 모처럼의 원・투・블로도 왼쪽 잽만의 싱글・펀치로 끝날 때도 있다.

그럼 원・투・블로를 성공시키기 위해서는 어떻게 하면 되는가.

그 방법의 하나는 상대에게 파이팅이나 드로잉을 걸고 상대가 왼쪽 잽을 치고 오도록 유인하는 것이다. 상대가 여기에 유인되어 그 왼쪽 잽을 왼쪽으로 슬리프로 피하고 이쪽에서 왼쪽 잽으로 안면을 치고 계속해서 오른쪽 스트레이트를 포로・업한다.

이 방법이 잘 성공되면 장애가 되었던 상대의 왼쪽 잽은 이미 처리되고 또 이쪽에 있어서는 인사이드・포지션에서 공격할 수 있는 유리

샤드·복싱에서 오른쪽 스트레이트를 치려고 하는 순간.

한 체세를 가지게 된다.

●왼쪽만의 원·투·블로

왼쪽에서 오른쪽의 원·투를 할 수 있게 되면 왼쪽 잽 다음에 그 왼쪽을 훅으로 바꾸어 친다. 「왼쪽만」의 원·투·블로를 연습한다.

이것을 치는 요령은——. 왼쪽 잽을 치고난 뒤에 우선 그 왼손의 위치를 바꾸지 않고 재빨리 웨이트를 오른발에 옮긴다. 그리고 왼쪽 팔꿈치를 낚시바늘처럼 굽히고 상대의 턱을 목표로 하고 오른쪽으로 휘둘러 친다. 오른손은 상대의 반격에 대비하여 상체에서 턱의 가아드를 견고하게 해야 한다. 일견 쉬운 듯이 보이지만 실제는 의외로 어렵다. 여러 번 되풀이하여 연습해야 한다.

●원 · 투 · 트리 · 블로

이것은 두 가지의 방법이 있다.

①──왼쪽 잽과 오른쪽 스트레이트를 조립한 원 · 투의 뒤에 마지막으로 왼쪽 훅을 친다.

② 왼쪽 잽과 왼쪽 훅의 왼쪽만의 원 · 투의 뒤에 오른쪽 포로 · 업한다.

●초보적인 연타연습의 패턴.

초보자의 콤비네이션 · 블로의 연습에는 지금까지 설명한 것 외에 다음과 같은 것을 생각할 수가 있다.

① 왼쪽 잽을 턱에다 계속 두 발 치는 더블 · 잽

② 왼쪽 잽을 턱에 친 후 다시 왼쪽 잽으로 보디를 친다.

③ 반대로 왼쪽 잽을 보디에서 턱을 친다.

④ 왼쪽 잽을 계속해서 두 발 보디를 친다.

⑤ 왼쪽 훅을 안면에서 계속해서 보디를 친다.

⑥ 왼쪽 잽을 안면, 왼쪽 훅을 턱, 다시 그 왼쪽 훅으로 보디를 친다.

⑦ 왼쪽 잽을 턱에서 계속하여 오른쪽 스트레이트를 보디에 친다.

⑧ 왼쪽 잽을 턱에 치고 오른쪽 훅으로 턱이나 안면을 겨누고 친다.

⑨ 왼쪽 잽을 턱, 왼쪽 훅을 안면, 다시 오른쪽 훅을 안면이나 턱에 포로 · 업한다.

⑩ 왼쪽 잽을 보디에 치고 몸을 일으키고 오른쪽 훅으로 턱을 친다.

⑪ 왼쪽 훅을 보디에, 오른쪽 훅을 턱에 친다.

⑫ 왼쪽 잽을 보디에, 오른쪽 스트레이트를 또 보디에 친다.

⑬ 왼쪽 잽을 안면 또는 턱을 치고 다시 오른쪽 어퍼를 보디에 쳐올린다.

상급자에게 적합한 연타공격

●곤란할만큼 즐겁다.

초보자에게 적합한 콤비네이션・블로의 움직일 연습에서 몸을 잘 수 있게 되면 약간 복잡하고 어려운 공방의 기술을 조립하여 연타공격의 연습에 들어간다.

처음에는 몸이 순응되어 있지 않아 할 수 있을까 하는 의심을 가지게 되지만 연습을 거듭하는 동안에 그 움직임에 대한 운동신경이 발달되어 가서 몸이 자연스럽게 움직일 수 있게 된다. 단조로운 치고 받는 연습보다 고생을 해서 배우는 쪽이 재미가 있고 또 몸에 익숙해져 간다.

지금으로부터 설명하는 약간 고급의 콤비네이션・블로를 모두 몸에 익숙해지도록 하는 것은 어려운 일인지도 모른다. 그러나 자신의 취미에 맞는 것만이라도 실제로 자유롭게 사용할 수 있게 되면 복싱은 더욱 즐거운 것이 될 것이다.

①──왼쪽 잽을 안면에 치고 상체를 앞으로 기울이면서 스트레이트를 보디, 될 수 있다면 심장을 겨누고 친다.

오른쪽 스트레이트를 칠 때 왼쪽 잽을 털어낸 다음, 왼손으로 정확한 위치에 두고 상대의 오른쪽 펀치에 대비하지 않으면 안된다.

심장을 치는 것은 프로에서도 그다지 볼 수 없으나, 미국에서는 여기를 겨누어 KO찬스를 만들어내는 복서가 많은 모양이다. 심장을 맞게 되면 순간적으로 심장의 움직임이 둔화되어 두 손을 내리고 넘어질려고 할 때가 있다. 그러나 생명에는 별로 영향을 미치게 되는 일은 없다.

②──또 복잡한 3단 자세의 연타로서 트리플・블로라고 하는 것이 있다.

우선 왼쪽 잽을 몇 번 치고 잘 명중하면 스텝핑을 하고 왼쪽 훅을 턱에 친다. 다시 일순 사이를 두고 상대의 움직임을 보면서 재차 왼쪽훅이나 왼쪽 어퍼를 보디에 먹인다.

이 보디 공격에서 상대의 가아드가 내려갔을 때를 겨누어 턱에 짧은 오른쪽 스트레이트를 팔 너머로 카운터한다.

이 드리블·블로의 특징은 최초의 왼쪽 훅을 얼굴, 그리고 최후의 결정타의 오른쪽 쇼트·스트레이트를 턱에 겨누는데 있다.

최초의 훅은 약간 크게 턱이나 얼굴을 겨누고 다음에 왼쪽 보디를 쳐서 수비를 교란시킨다. 그리고 마지막에 오른쪽 스트레이트를 첨가시키는 것이다.

즉 ① 왼쪽 훅을 얼굴에친 후, 약간 사이를 두고 ② 왼쪽 훅이나 왼쪽 어퍼를 보디에, ③ 오른쪽 스트레이트를 크로스하고 턱을 친다.

스파링·파트너와의 연습이나 섀도·복싱에서 이 치는 순서와 동작의 박자를 충분히 정리해 놓는다.

③——두 개의 훅과 어퍼를 조립한 트리플·블로.

우선 스텝핑을 하고 약간 크게 왼쪽 훅을 보디에, 다시 약간 사이을 두고 왼쪽 훅을 턱에 공격한다. 계속하여 상체를 굽히고 오른쪽 어퍼컷을 보디에 친다.

이것은 세계 헤비급 챔피언 죠·프레이저와 같은 크리칭·스타일로서 보빙이나 위빙을 하면서 상대에게 접근해 가는 타입의 펀치가 애호하는 기술이다.

④——인사이드·트리플·블로.

왼쪽 잽을 치고 오면 헤드·슬리핑으로 피하는 것과 동시에 인사이드로 파고들어가면서 오른쪽 쇼트·스트레이트를 심장을 향해서 친다. 다시 상대의 왼손밑을 위브하고 바깥쪽으로 짧은 스텝을 할 때 왼쪽 훅을 보디에 날린다.

이때 오른발에 당연히 웨이트가 이동하고 있으므로 왼쪽 훅은 마음먹고 칠 수 있는 자세가 되어 있다.

왼쪽 훅을 친 후 몸을 일으키면서 왼발에 웨이트를 바꿔 옮기고 상대의 왼손 너머로 크로스하고, 오른쪽 스트레이트나 오른쪽 훅을 턱에 강타한다.

스파링에서 왼쪽 스트레이트를 치고 있다.

이 콤비네이션은 왼쪽 잽을 인사이드에 슬리프할 때는 왼발에 웨이트를 걸고 다음에 왼쪽 훅을 칠 때는 오른발에 웨이트를 바꾸고 최후의 오른쪽 스트레이트나 오른쪽일 때는 다시 왼발에 웨이트를 바꾼다. ―고 하는 약간 복잡한 체중의 이동에 충분히 주의해야한다.

또 이 기술은 상대가 왼쪽 잽을 치고 왔을 때만 사용하고 동작은어디까지나 민첩하게 움직이지 않으면 효력은 기대할 수 없다.

⑤――아웃사이드·트리플·블로.

인사이드·트리플과는 반대로 상대의 왼쪽 잽을 바깥쪽으로 슬리프한다.

왼쪽 잽을 치고 오면 슬리프나 덕킹으로 피하여 왼쪽 훅을 약간 크게 보디를 친다. 다시 왼발을 왼쪽 앞으로 스텝하여 오른쪽 훅을 심장이나 옆구리에 결정타를 날린다.

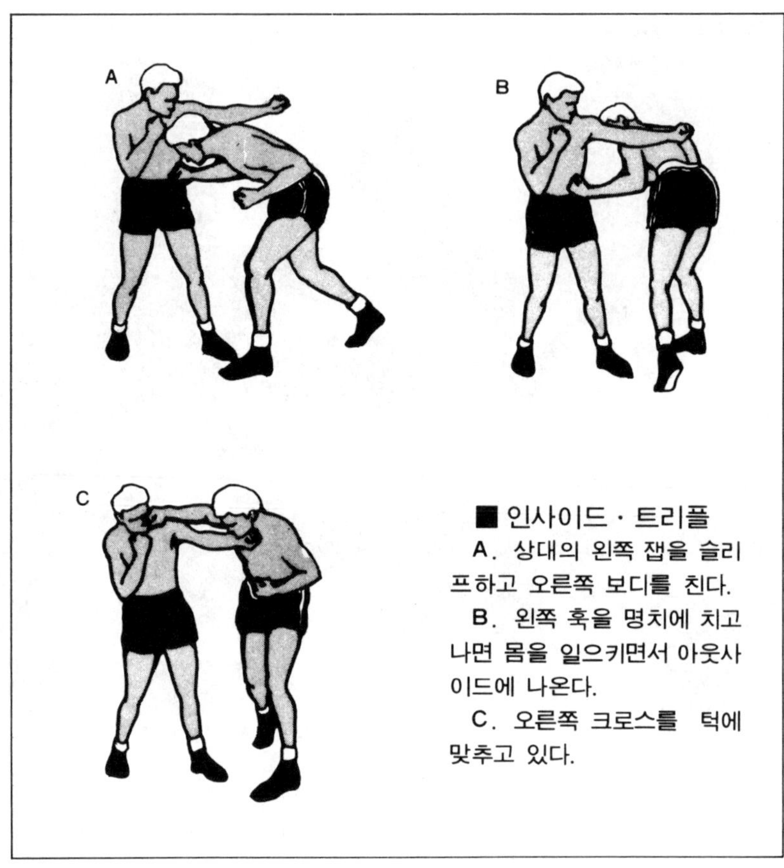

■ 인사이드·트리플
A. 상대의 왼쪽 잽을 슬리프하고 오른쪽 보디를 친다.
B. 왼쪽 훅을 명치에 치고 나면 몸을 일으키면서 아웃사이드에 나온다.
C. 오른쪽 크로스를 턱에 맞추고 있다.

이때 왼손으로 상대의 오른손의 움직임을 막는 것을 잊어서는 안된다. 이 오른쪽 훅을 치면 상체와 무릎을 일시에 일으키면서 왼쪽 어퍼컷으로 턱을 찍어 올린다.

최후의 결정타인 어퍼컷을 치기까지는 상체를 낮게 하고 이것을 날릴 때는 상체를 일으키면서 파워를 주입시키는 것이 하나의 요령이다. 또 오른발—왼발—오른발의 순서로 웨이트가 변하는 점도 충분히 유의 해야 한다.

● 프로와 아마추어의 차이

■ 아웃사이드 · 트리플

A. 상대의 왼쪽 잽을 슬리프하고 왼쪽 훅을 보디에 친다.

B. 그 반동으로 오른쪽 훅을 복부(옆부분)에 강타한다.

C. 몸을 일으키는 힘으로 왼쪽 어퍼컷을 턱에 쳐올린다.

이러한 콤비네이션·블로가 스무드하게 또 자동적으로 칠 수 있는가가 일류프로 복서와 아마추어 복서와의 차이라고 할 수 있을런지도 모른다.

풍부한 연습으로 몸에 익숙해 지도록 할 수밖에 없으나, 유연한 몸 전체의 동작이 커다란 열쇠가 된다.

아류(我流)의 콤비네이션·블로로 펀치를 치는 몸의 각도나, 발 위치가 정확하지 않는 경우가 많다. 이 점, 여기서 설명한 것 같은 패턴은 오랫동안 많은 사람들에 의해서 실제로 사용되온 콤비네이션·블로인 만큼 여기에 따라서 연습하는 것이 효과적이라고 생각한다.

공격을 덕킹으로 피하고 있는 모습

3
강해지는 비결

합리적인 식생활

● 복싱과 체중 조절

복싱은 격렬한 스포츠이다. 연습시의 몸 동작만으로도 소비되는 에너르기는 상상외로 크다. 그렇다고 해서 그것을 보충하기 위한 음식을 섭취하면 공복감은 해결되지만 체중이 자꾸만 늘게 되어 자신이 목표로 하고 있는 체중을 조절하기에 어렵다.

젊었을 때는 몸이 성장중에 있으므로 체중이 늘어감에 따라 체급을 바꾸어 자연 발육에 역행하지 않아도 되고 스포츠의 목적에서 본다면 이상적이다.

그러나 복싱에는 체중이 구분되어 체급제가 경기규칙으로 설치되어 있다. 적당한 영양을 섭취하면서도 신장과 체중의 밸런스를 항상 생각하여 평소부터 몸을 잘 조절하고 있지 않으면 안된다. 이것이 다른 스포츠와 다른 복싱의 어려운 점이다.

● 효과적인 영양 섭취법

또 체중 조절만 생각하고 중요한 에네르기 공급을 게으르게 하면, 그 결과는 영양실조가 되고 만다.

1908년 당시의 세계 라이트급 챔피언이었던 미국의 흑인 복서 죠·간스는 명선수라고까지 평판을 받고 있었으나 마지막에는 무리한 감량으로 인해 폐결핵으로 죽고 말았다. 프로 복서에서 일어나기 쉬운 비참한 일이다. 이렇게 되면 문자 그대로 혹을 떼려다 혹을 붙이는격이 되고 만다.

그래서 이상적인 체중을 유지하면서 영양을 효과적으로 공급하려면 어떤 음식을 섭취하면 좋은가 하는 것이 중요한 일이 된다. 일반적으로 음식에는 단백질, 지방, 탄수화물, 비타민, 미네날 등의 성분이 함유되고 있다. 이러한 성분을 연구하여 그 질과 양을 잘 배분하여 섭취하는 것이 이것을 해결하는 방법이 된다.

①—— **단백질**

이것은 육류,유제품,달걀,어패류,쌀콩, 깨 등에 많이 함유되어 있다. 이 단백질은 20 종류의 아미노산으로 되어 있는데,아미노산에는 인간의 체내에서 만들어지는 것과 그렇지 않는 것도 있다.

몸 속의 단백질도 그와 같이 20 종류의 아미노산으로 되어 있는데 체내에서 합성되지 않는 아미노산은 이것을 함유하고 있는 식품에서 공급하지 않으면 안된다.

육류나 달걀, 우유 등의 동물성 단백질은 인간의 체내에서 만들어지는 아미노산과 흡사하므로 이것을 먹는 것은 가장 유효하다. 이러한 동물성 단백질에 식물성의 것을 혼합하면 영양가는 더욱 높아진다고 한다.

그러나 동양인의 육류에 대한 지식은 구미 사람에 비하여 아직도 뒤떨어져 있다. 파트라고 부르고 있는 하얀 지육(脂肉)까지 먹는 사람이 있는데 이것은 비만을 촉진시킬 뿐만 아니라 간장이나 심장에 그 지방이 옮겨져서 기능에 악영향을 주게 되므로 특히 복서는 먹어서는 안된다.

②—— **지방**

대량의 칼로리를 소비하는 스포츠선수의 경우 지방질이 많은 음식을 먹으면 좋다고 일반적으로 말하고 있다. 이것은 지방의 열량가가 다른 영양과 비교하여 높고 체내에 글리코겐이 부족할 때 이것을 공급하기 위해 지방이 연소하여 에네르기원이 되기 때문이다.

지방분은 버터, 치이즈,우유 등의 영양가가 높은 식품에 함유되어 있다. 그러나 지방질은 비만을 촉진시키고 비만을 걱정하는 사람에 있어서는 이러한 과식은 삼가해야 한다. 빵에 버터를 발라서 먹고 싶을 때도 버터 대신 양질의 마아가린을 엷게 바를 정도로 해야 한다.

③—— **탄수화물**

당질(糖質)이라고도 하는데 설탕에 가장 많이 함유되어 있다. 쌀이나 고구마등의 전분질 등에도 함유되어 있다.

체내에 들어가면 장에서 포도당으로 변화되어 흡수된다 여분은 간장이나 근육속에 글리코겐이 되어 저장되는데 지방으로 변화돼간다. 그래서 이것도 과식하면 비만의 원인이 된다.

심한 운동을 하고나면 당분을 찾게 되는데 섭취량에 주의해야 한다.

한국인은 오랜 동안 쌀을 주식으로 해온 습관이 있으므로 밥이나 떡은 일종의 향수같은 것을 느끼게한다.

그러나 적어도 지금으로부터 복싱을 하려고 하는 사람은 이 미반(米飯) 편중생활에서 동물성 단백질을 주식으로 하는 식생활로 바꾸는 것이 좋다. 현재 활약하고 있는 프로의 일류 선수의 대부분은 미식(米食)을 중단하고 특수한 식생활을 하고 있다.

④——비타민

쌀에서 빵으로 바꾸어 생야채나 과일을 섭취하면 비타민류는 충분히 공급할 수 있게 된다.

비타민은 몸에 활력을 공급하게 되는데 특히 B_1은 피로를 효과적으로 회복시키며 또 각기의 묘약이다.

이 B_1은 현미, 소두, 무우, 당근, 세로리, 배, 우유, 딸기 잼, 달걀의 노란자 등에 함유되어 있다.

영양원의 종류

〈열원(熱源)〉탄수화물 : 곡류, 설탕, =몸의 활동 열원.

〈열원〉 지방 : 각종 식용류, 육류등=몸의 활동 열원.

〈열원〉 단백질 : 육류, 달걀, 두류(豆類)등=세포핵의 구성.

〈세포 구성 물질〉 미네랄과 물 : 야채, 과일 등의 칼슘, 철, 동, 아연, 코발트, 인=세포의 활동, 영양의 섭취, 비타민의 작용을 돕는다.

〈세포의 작용을 돕는 것〉

비타민A : 간유, 치이즈, 버터, 달걀의 노란자, 우유, 간장, 양배추, 시금치, 당근, 토마토, 무우, 배추, 김.

비타민B_2 : 간장, 우유, 달걀의 노란자, 홍합, 김, 벌꿀, 토마토, 양배추.

비타민B_6 : 효모.

비타민B_{12} : 동물·어물의 장.

니코친산아미드 : 효모, 두류, 간장, 우유, 연어.

반트텐산 : 간장, 달걀, 효모.

엽산 : 신선한 녹황색 채소, 간장, 신장, 소맥, 쇠고기, 용.

비타민C : 토마토, 딸기, 레몬, 오렌지, 밀감, 시금치, 양배추, 당근, 무, 양파, 녹차

비타민D : 간유, 달걀노른자, 우유, 버터.

비타민K : 양배추, 시금치, 당근의 윗부분, 토마토, 간장.

비타민C는 부신피질(副腎皮質) 호르몬을 만들지만, 이것이 결핍되면 몸의 저항력이 없어진다. 그러므로 운동을 시작하기 전에 이것을 많이 섭취해 놓을 것. 30분 정도로 그 효과가 나타난다고 한다. 삶은 콩, 무우, 말린 무우, 시금치, 양배추, 토마토, 딸기, 오렌지, 레몬, 엽차 등에 함유되어 있다.

A는 칠성장어, 물고기의 간장, 달걀 노른자, 대두, 아스파라가스, 토마토, 메론 김 등이 많이 함유되어 있다.

⑤——미네랄

치이즈, 달걀 노른자, 버터, 우유, 김, 초코렛 등에 함유되어 있으며 뼈의 구성, 근육의 활동 등에 작용한다.

● 배합을 생각해 본다.

이러한 식품을 균등하게 섭취하도록 유의한다면 영양이 편중되지 않아 보통 스포츠맨이라면 이상적인 식사법이라고 할 수 있다.

그러나 복서의 경우는 체중 제한이 있으므로 좀더 그 배합을 고려하지 않으면 안된다.

즉 몸의 열량(칼로리)이 되고 몸을 비대시키는 지방질이나 탄수화물 등의 양은 될 수 있는 데까지 제한할 필요가 있다. 비후· 스테이크를 먹어도 전분질이 많은 감자는 먹지 말아야 한다. 물론 밥이나 우동류는 피해야 한다. 또 같은 소고기라도 튀김, 소맥분이 첨가되면 칼로리원이 너무 증가하기 때문에 이것도 멀리 해야 한다. 이러한 식사 방법도 생각하지 않으면 안된다.

다시 또 단백질, 비타민, 미네랄류를 섭취하거나 산성이 강한 육류,

어패류를 먹으면 알카리성의 시금치, 다시마, 사라다채(莽) 등도 먹어 산과다를 막는 식사방법도 필요하다.

● 구체적인 예

그럼 구체적으로 어떤 메뉴의 식사를 하면 되는가 물론 프로와 아마추어와는 약간의 차이가 있는 메뉴가 된다. 프로 선수는 일일 2식이 보통이지만 아마추어 선수, 특히 15, 6세에서 20세 전후의 선수는 영양을 충분히 섭취하여 우선 몸을 만든다. 그리고 스포츠 본래의 목적에 따라 연습하는 것이 보통이다.

아마추어 선수의 경우 보통 자택에서 아침, 점심, 저녁의 3식을 식사한다. 이 3식의 식사에 다소의 개선을 하면 지장은 없다. 이 식사로 연습을 해도 몸이 자꾸만 성장하면 웨이트의 급수를 올리고 몸을 주형에 맞추는 것처럼 하지 않는 것이 건강에 좋다.

예를 들면 미국에서 유행하고 있는 부인들의「로오 · 칼로리식(食)」에 의한 미용정신법의 패턴을 보면 다음과 같은 식사법만으로도 1주일간에 0.45kg을 감량시킬 수 있다고 되어 있다.

①과일의 생즙 또는 생야채——한잔
②황색의 야채, 녹색의 잎——1/2잔
③유제품(우유등)——석잔
④달걀(될수있는 한 기름을 사용하지 않는다.)——하나 내지 두개
⑤지방질 없는 육류, 어물이나 닭고기——90g~100g
⑥소의 레바——일주일에 1회
⑦소맥을 정맥하지 않고 만든 빵 두 쪽

이러한 식품으로 3식의 메뉴를 만들어보면 다음과 같은 것이 된다.

■ 예(倒) 1

〈아 침〉

①과실의 생즙. 겨울이라면 밀감, 여름이라면 오렌지가 많이 이용되고 있다.

②달걀 두 개. 반숙 또는 보치드 · 에그. 기름을 사용하지 않아도 된다. (보치드 · 에그란 끓는 물에 식초 몇 방울 떨어뜨리고 그 속에 달걀

의 흰자와 노란자를 넣어 삶은 것.)

③지방질이 없는 수육 또는 기름을 사용하지 않고 요리한 물고기.

④빵 두 쪽.

⑤엷은 홍차 또는 엽차 한 잔. 우유 한 병도 된다.

〈점 심〉

아침과 같은 재료를 사용하여 빵 두 쪽, 햄, 닭고기, 혹은 물고기를 사용한 샌드위치, 홍차.

〈저 녁〉

새우의 코크레일, 지방질 없는 소고기 비후스테이크, 다량의 야채, 홍차.

일반적으로는 운동을 그다지 않는 사람이 이것만 먹고 1주일간에 0.45kg 정도를 감량시킬 수 있다 (탄수화물의 식품이 적고 로오칼로리 식품이기 때문에)고 하는 계산이라면 복서처럼 연습을 하고 있는 사람은 더 먹을 수 있다는 계산이 나오게 된다.

또 이 미국식 미용정신의 다이어트에 대해서「건강을 만드는 영양」이라고 하는 책의 저자 꾸와바라씨는 비만을 막기 위해서 다음과 같은 표준 메뉴를 소개하고 있다.

■ 예(倒) 2

〈아 침〉

과일 (파파이야) 1/3개, 달걀반숙 1개, 토스트 한 쪽, 우유 또는 코피 1잔.

〈점 심〉

사라다, 또는 스우프 한 잔. 달걀, 치이즈, 육류, 에바밀크, 레몬. 드랫싱. 빵 두 쪽. 우유 또는 버터·밀크 한 잔

〈저 녁〉

육류, 어류, 삶은 것 반 그릇. 야채 1/2접시. 구운 감자 1개. 야채사라다 1접시, 데자아트 감자, 래타스의 사라다. 짙은 코피 1/3컵. 취침 전에 버터·밀크 한 잔.

● 영양은 충분히

이렇게 먹는다는 감량도 즐거운 것이다. 결국 이것도 지방, 전분이 많은 식품을 줄이고 메뉴의 중심을 단백질,비타민,미네랄 식품에 두고 있기 때문에 될 수 있는 것이다.

이것으로 대체로 일반인도 어느 정도는 감량시킬 수 있다는 것을 생각할 수 있으나 운동 연습을 하는 청소년은 더 먹고 영양을 충분히 섭취하지 않으면 안될 것이다.

그래서 이러한 미국식 다이어트에 동양식을 감안한 동서절충의 복서의 다이어트를 고려하면 다음과 같은 것이 된다.

■ 예(例) 3

자택에서 조석 2식을 섭취하는 아마추어의 경우

〈아 침〉

신선한 과일 생쥬스. 여름이면 오랜지,겨울이면 밀감. 작은 것은 세 개. 사과라면 한 개를 갈아서 그대로 마셔도 된다. 삶은 달걀 또는 포치드·에그 두 개 또는 한 개. 거기다 생야채 또는 삶은 것,다시마 등. 해조류도 좋다. 패류도 좋다.

버터 토스트 두 쪽.버터 대신에 제리, 잼 또는 벌꿀은 사용해도 된다. 거기다 우유 한 병이면 충분.

달걀이 싫으면 지방질 없는 햄, 삶은 프랑크풀터나 어류를 사용하여 변화시켜도 좋을 것이다.

〈점 심〉

집에서 도시락을 가지고 가는 것이 제일 좋다. 이 도시락도 어류나 육류라면 꼭 그 산을 중화시키는 야채류를 첨가한다. 제일 나쁜 것은 라면같은 외식. 특히 영양분이 편중되어 있는 음식은 삼가해야 한다.

〈저 녁〉

야채, 해조, 두부가 많이 들어 있는 된장국 한 그릇. 이것은 아무리 좋아해도 그것으로 끝낸다. 체중이 느는 것 같으면 그만 두어야 한다.

기름을 사용하지 않는 육류, 거기다 밥을 먹고 싶으면 가볍게 한 그릇, 그리고 충분한 야채류. 현미 그레틴맥분으로 만든 빵이 영양면에서 이상적이지만 구하기 어렵다.

식후에는 엽차나 엷은 홍차. 코피는 위나 심장에 장애가 됨으로 피하는 것이 좋다.

■ 예(倒) 4

프로 선수의 식사는 2식이 보통이므로 다음과 같은 메뉴를 생각할 수가 있다.

〈아 침〉

홍차 또는 뜨거운 물에 녹인 육즙 한 잔, 로드·웍에 나가기 전에 마시고 가면 발한(発汗)을 돕는다. 귀가하여 휴식, 아침 식사는 열시 경에 한다.

과일의 생쥬스 한 잔. 삶은 달걀 또는 포치드·에그 두 개, 지방질이 적은 고기, 어류 100g 정도.

거의 건조된 토오스토, 체중에 걱정 없을 때는 버터, 제리, 잼 또는 벌꿀을 바른다. 생야채 사라다(고구마류는 제외), 야채를 삶은 것. 우유 한 병(체중이 걱정될 때에는 중단). 식후에는 엷은 레몬티 또는 엽차.

〈저 녁〉

된장국 한 그릇, 체중조절 때는 중란. 감자류를 제외한 생야채 사라다. 지방질 없는 비후·스테이크, 소고기 래바 꾸이, 어류의 삶은 것, 찐 것, 구운 것을 때때로 바꿔 먹는다. 해조류 특히 다시마는 산성의 것을 먹었을 때 체액을 알카리성으로 전환시키기 위해서 이용한다. 식후에는 단것을 피하고 엷은 레몬이나 엽차를 마신다.

여기에 대해서 외국의 복서는 어떤 식사를 하고 있는가 소개한다. 모두 그다지 먹고 있지 않다. 우리 식품은 연구하면 할 수록 그들 것보다 바라에티에 풍부한 것을 먹고 있다.

● 어떤 영국 선수의 경우

〈아 침〉

반숙 달걀 두 개. 버터·토스토 두장. 홍차 한 잔. 이 아침 식사에 과일쥬스를 가한 것이 평균적인 영국인의 아침 식사라고 생각되는데, 이 사람은 왜 훌쓰·쥬스를 마시지 않는가 알 수 없다.

〈점 심〉

삶거나 찐 물고기와 야채류.홍차 한 잔.빵 약간.

〈저 녁〉

이것도 물고기와 야채를 중심으로 한 가벼운 식사로 마친다.

시합 수일 전에는 1일 큰 비후·스테이크를 먹고 체력을 증진시킨다고 하지만, 3, 4일 스테이크를 갑자기 먹는다고 해서 스테미너가 그렇게 붙는다고 생각되지 않는다. 기분상의 문제일 것이다.

동양의 선수는 흔히 살모사나 자라같은 것을 먹는데,이것 역시 심리적인 문제로서 다이어트는 날마다 축적되어 비로소 효과를 나타낸다.

■|(倒) 6

미국의 일류 선수의 메뉴

〈아 침〉

과일의 생쥬스.이것은 복서뿐만 아니라 미국인의 아침식사는 생쥬스로 시작하는 것이 습관화되어 있으나,복서는 특히 생쥬스에 관심을 가지고 있다. 나 자신도 이 생쥬스를 40년 동안 애용해 왔으나 그 효과는 있다고 생각된다.

달걀 두 개,반숙 포치드·애그.토스토,특징 있는 빵을 이용한다.

체중에 걱정없는 사람은 우유. 세계 헤비급 챔피언이었던 진·다니도 우유 애용자였다. 체중조절로 우유를 마시지 못하는 사람은 홍차.이것도 설탕을 넣지 않으면,그만큼 당분을 피할 수 있다.

〈점 심〉

보통 얇게 썬 육류, 닭고기,햄과 레타스, 토마토 등을 사용한 샌드위치에 우유 또는 홍차. 이것도 미국인의 평균적인 점심이다. 그러나 웨이트 · 콘트롤 중의 복서는 이 점심을 빼는 일이 많다.

〈저 녁〉

과일의 생 쥬스.생야채의 사라다에 레몬즙으로 맛을 붙인 것. 이 사라다에는 고구마류, 마요네즈, 비네가(酢)등은 들어가 있지 않다.

지방질이 없는 소고기 스테이크, 닭고기 등이 주식이 되는데 돼지고기,새우,게,과자 등은 절대로 먹지 않는다.

디저트에는 흔히 삶은 과일 등을 사용한다. 연한 홍차. 코피는 멀리하고 있는 모양이다.

● 식품을 과학화한다.

이러한 미국의 프로 복서의 연습중의 다이어트에 대해서 코내치커트주의 스텐포오드·복싱 클럽의 몬고회장은 다음과 같이 말하고 있다.

「오드밀크나 크에카·오쓰 같은 곡류 가공식품이나 하얀 빵은 사용하지 않는다. 신선한 과일 야채류는 비타민의 공급을 위해서 많이 사용하지만 딸기, 수박, 바나나, 파인애플, 올리브, 양배추, 양파, 옥수수, 오이 등은 칼로리가 너무 높아 가스를 발생시키므로 피한다. 그리고 조육(鳥肉)이나 어류도 좋으나 조육을 먹을 때는 지방질이 많은 가죽은 먹지 않는다.

구·미 사람들의 식생활의 습관과 한국인 습관을 비교해 보면 한국인 쪽이 육류, 어패류, 해조류를 혼식하고 있는 점을 보아 실제적으로 영양적으로 밸런스가 잡히고 있다고 생각된다. 다만 한국인은 자원에 혜택을 받고 있는 식품에 대해서 과학하는 마음이 부족한 것이 유감스럽다.

예를 들면 각종 식품에 대해서 단백질이나 칼로리 함량이 얼마나 들어 있으며 그러한 식품은 인체에 어 떤 영양을 주게 되는가를 알고 있는 사람이 얼마나 되는지.

요는 복서의 식사관리는 칼로리가 높은 식품을 피하고 그 부족분을 단백질, 비타민원과 미네랄류로 공급하는 방법이 취해지고 있어, 이것은 부인들의 미용정신법의 다이어트와 다를 바 없다.

● 식사마다 밸런스를

또 하나 중요한 포인트는 산성 식사를 하는 한편, 될 수 있는 한 다종 다양한 알카리성 식품을 동시에 섭취하여 몸의 체액(혈액과 기타)을 항상 중성 또는 약한 알카리성 상태에 있게 하는 일이다.

이렇게 함으로서 몸은 맹렬한 훈련을 극복해 나갈 수 있는 호흡력을 강하게 하고 스테미너가 붙게 된다.

이 식사의 밸런스는 식사마다 지키지 않으면 효과를 나타낼 수 없다. 아침에 야채를 많이 먹었다고 해서 저녁에 고기만을 먹는 식사는 반대로 영양실조를 초래하는 결과가 된다. 어느 학자의 실험에 의하면 동물에게 먹이를 줄 때마다 영양이 평균된 것을 준 것과 먹이를 줄 때마다 같은 것을 나누워서 준것과 비교해 보니 전자는 수명을 다했으나, 양분을 세 번에 나누워서 주었던 후자는 한 달도 되지 않아 죽었다고 한다.

장어에 아무리 영양분이 있다고 해도 소량의 김치만을 첨가해서는 영양의 성분이 편중된다. 이러할 때는 알카리성 식품을 먹고 중화시키도록 유의해야 한다.

복서는 과자나 껌같은 것은 의외로 칼로리가 높기 때문에 먹지 않도록 주의해야 한다.

●식품의 알칼리도(度)와 산도(度)

알칼리성 식품

야 채 류

시금치, 솎아낸 야채, 토란, 사라다채, 당근, 파드득나물, 감자, 우엉, 양배추, 무우, 호박, 고구마, 순무우, 오이, 수박, 가지.

과 일

바나나, 밤, 딸기, 밀감, 사과, 감, 배.

두 류

대두, 팥, 두부.

기 타

다시마, 표고, 단무, 엽차.

산성 식품

육 류

닭고기, 말고기, 돼지고기, 쇠고기, 달걀의 노른자.

어 류

오징어, 다관어, 문어, 잉어, 굴장어, 홍합, 패주, 청어알, 미꾸라지, 바지락조개, 전복 새우.

곡류·두류

현미, 탄보리, 메밀가루, 식빵, 백미, 우동가루, 땅콩, 잠두, 완두.

기 타

술밥, 맥주, 청주.

공백기간의 웨이트 · 콘트롤

● 감량은 손해다.

최근에 와서 프로 복싱계에서의 화제의 하나로서 「감량」이라는 말이 잘 등장하고 있다. 예를 들면 「제 선수가 이기기 위해서는 감량이 열쇠다」라고 하는 말들이다.

아마도 일반인들은 감량의 실제를 견문하여 이상하게 생각할 것이다.

아침에 일어나서 공복으로 10km 정도 뛰고 땀을 내고 오후에는 여름에도 열기가 찬 연습장에서 기진맥진 되도록 연습을 하고 매일 저울의 눈금을 보면서 시합이 가까와짐에 따라 감시상태에 빠져간다.

최후의 고통은 사우나탕이다. 이것으로 몸 속에 남아 있는 수분을 증발시키는 것이다.

이렇게 해서는 아무리 강한 복서라해도 이길 수가 없다. 대체로 6～7 주간의 연습은 금방 지나가고 마지막으로 남는 것은 테크닉면의 연습에 대한 허무감뿐이라고 한다.

연습을 오직 감량적인 하나에만 집중하는 복서들이 너무 많다. 모두가 웨이트·콘트롤에 집중하고 있기 때문에 제일 중요한 기술면을 연마하 는 여유가 없어지는 것이다.

● 오후에도 연습

그럼 왜 감량시키지 않으면 안되는가 원인은 여러 가지가 있을 것이다.

자연 성장이라고 하는 섭리에서 체중이 자연히 늘어나는 일도 있을 것이다. 또는 시합과 시합 사이의 공백 기간에 다이어트나 가벼운 연습등을 잊고 너무 노는 시간이 많았다는 이유도 있을 것이다.

이러한 경우 한 체급 상위를 겨누면 해결되지만 현실은 그렇게 간단한 것은 아니다. 문제는 공백 기간 동안의 해방감에 있다.

빵을 크게 굽거나 작게 만들기도 하는 것처럼 인간의 몸은 그렇게 되지 않는다. 가령 이 감량작전이 초인간적인 노력으로 그 시합만이 성공했다고 해도 그 젊은 복서로서의 생리면에 얼마나 심각한 영향을 주었는가는 예측조차 못한다.

또 긴 연습 기간중에 연마하지 않으면 안되는 기술면의 공백이 어떻게 그 시합에 반영되었는가를 반성해 볼 필요가 있다.

● 이상적인 감량법

그럼 어떻게 하면 감량의 고통을 없애고 본래의 연습에 정진할 수 있는가.

대답은 간단하다. 프로·복서라고 하는 직업에 대한 자각이 있나 없나에 달려있다.

웰터급(66~68kg)의 사람이라면 공백기간에도 꼭 체중을 최대한 71kg 이하 정도로 그치기 위한 노력을 해야 한다. 공백 기간에도 어느 정도의 식사 규제와 가벼운 연습만 계속한다면 컨디션 조정에 그다지 곤란을 받지 않을 것이다.

이렇게하여 약간 규제된 상태를 계속하면서 시합의 6~7주일 전부터 본격적인 연습에 들어간다. 그리고 개인차는 있으나 1주일간에 약 0.68kg 정도의 감량을 목표로 하고 연습을 통해서 서서히 체중을 조정해 간다.

그리고 이 단계에서 식생활의 규칙도 엄수하고 후라이로 한 것이나 과자,엿,쌀밥,진한 우유,치이즈,버터 등은 피해야 한다. 이것은 미국의 트레이너도 지적하고 있는데 과일류 속에서 딸기,바나나,수박, 또 야채류에서는 양배추,양파 등도 피하는 것이 무난하다.

또 지방질이나 탄수물화계의 식품을 될 수 있는 한 피하고 단백질, 비타민,미네날 함유한 것을 중심으로 한 식사로 규제한다. 이러한 규제만으로도 부인들의 감량에는 충분히 효과가 있다.

식사시에도 천천히 잘씹어 소화가 잘 되도록 한다. 이른 아침에 먹는 식사는 금물이다. 또 비후·스테이크를 먹어도 입 안에서 씹어 즙만을 삼키고 남은 것은 도로 내는 사람도 있는 모양인데 이런 짓은 하지 않는 것이 좋다.

● 칼판체의 전향

프랑스의 세계 라이트·헤비급 챔피언이었던 죠쥬·칼판체의 이야기를 해본다.

그는 12세에 컷크·복싱의 원형이었던 라·사밧트에서 활약, 14세로 국제식의 복싱에 전향한 후 링 생활 19년이라고 하는 런너였다. 거기다 그 캬리아를 통해서 특이한 것은 몸이 커짐에 따라 프라이급에서 순차적으로 체급을 올리고 마지막에는 헤비급으로 싸웠다고 하는 것이다.

그 칼판체가 저서 속에서 이렇게 경고하고 있다.

「링에서 싸우기보다 감량하는 쪽이 어렵다. 감량에 실패하면 건강을 해칠뿐만 아니라 때로는 생명을 단축시키는 위험까지 느껴진다.」

웨이트·콘트롤은 어렵고 미묘한 것으로 칼판체가 말한대로 체중을 무리를 해서 내리는 일은 성장기의 청소년에 있어서는 참으로 위험한 것이다. 그러므로 커지면 한 체급을 올리는 것이 현명한 대책이라 할 수 있다.

미들급 시대의 칼판체의 실패담을 하나 소개해 본다.

시합 당일 호텔에서 언제나처럼 예비계량을 해보았다. 한계 체중인 72.5kg. 자신 만만하여 공식 계량장에 갔다. 그런데 겨우 1온스 오버·웨이트였던 것이다. 호텔의 계량기도, 공식계량장의 계량기도 모두 정확한 것이었다.

실은 이 원인은 외부의 습기에 있었던 것이다. 호텔의 따뜻한 방에서 계량장에 자동차로 가는 도중 짙은 안개 속을 갔는데 호텔의 난방과 장기간의 연습으로 건조하고 있던 피부의 기공(氣孔)이 이 밖의 습기를 흡수했기 때문이다.

● 감량은 신중히

웨이트·콘트롤은 미묘한만큼 세심한 계획이 필요하며 어디까지나 정확한 식사규제와 긴 연습 일정으로 서서히 해나가는 것을 신조로 해야 한다.

드라이닝·아웃이라고 부르고 있는 시합 전 24시간. 수분을 철저히 몸에서 배제하는 방법이 있다. 이 방법만으로 0.45~0.9kg 정도의 체중을 내릴 수는 있는데,이것은 시합시 복서의 속도와 지구력을 가지게하는 방법이라고는 하고 있으나 과학적인 뒷받침은 없다. 또 이뇨제(利尿削)를 마시고 감량한 프로·복서도 있었으나,이것은 드라이닝·아웃 이상으로 위험하니 피해야 한다.

트레이너를 위한 레슨 플랜

● 주먹을 지켜라.

처음으로 복싱을 배우러 온 사람에게 트레이너는 어떤 순서로 가르쳐야 좋은가 하는 것은 가르치는 사람의 사고방식이나 경험에 의해서 다소 다른 점이 있을 것이다.

그러나 뭐니 뭐니해도 제일 먼저 가르쳐야 하는 것은「주먹을 쥐는 방법과 반데이지를 감는 방법」이다. 그리고 꼭 이 반데이지를 감고 글러브를 끼고 스파링을 한다. 다미나 펀칭·백을 치는 경우에도 반데이지를 감고나서 스트라이킹·백·글러브를 착용하도록 가르친다.

이러한 기본적인 주의를 엄수하도록 하지 않으면 피부나 관절을 다치기 쉽다.

● 전·후 동작을 가르친다.

다음은 바른 자세 그대로 전진과 후진의 동작이 자연스럽게 할 수있을 때까지 가르치고 계속해서 좌·우 회선을 코치한다.

이 풋·워크를 완전히 배우게 되면 비로소 기본 펀치로 왼쪽 잽, 오른쪽 스트레이트·훅·어퍼컷의 순서로 가르치고 이와 병행하여 방위테크닉도 지도한다. 이렇게 하여 콤비네이션·블로의 타격법과 그 방어법으로 해나가면 된다.

● 체육관에서의 트레이닝 계획

이러한 레슨을 시간으로 구분하면 다음과 같은 프로그램을 생각할 수 있다. 또 레슨의 시작 전에는 몸의 근육을 부드럽게 하는 폼·업을 잊어서는 안된다.

〈제 1 일〉

① 자세 (10분)

②완급의 변화를 병행하여 전・후 동작(10분)
③좌회선(10분)
④우회선(10분)

기본자세에서 풋・워크를 사용하여 움직이고 도는 요령을 가르치고 되풀이하여 연습하도록 하여 나쁜 데를 시정한다. 복싱은 이 기본동작의 습득이 제일 중요하다는 것을 초보자에게 철저히 인식시켜야 한다.

〈제 2 일〉

⑤왼쪽으로 사이드・스텝(10분)
⑥오른쪽으로 사이드・스텝(10분)
⑦줄넘기(10분)

어느 것이나 가르친 것을 충분히 소화시키고 있는가를 확인하고 다음 레슨에 들어간다.

〈제 3 일〉

⑧—— 전일의 복습(15분)
⑨—— 왼쪽 잽의 치는 법과 방어법(10분)
⑩—— 매지신・볼의 던지기(10분)
⑪—— 샌드백 또는 펀칭・백의 치는 방법(15분)

〈제 4 일〉

⑫—— 지금까지의 복습(20분)
⑬—— 왼쪽 잽을 보디에(10분)
⑭—— ⑬의 방어(10분)
⑮—— 제 4 일과 제 5 일분의 총합연습(10분)

〈제 5 일〉

⑯—— 지금까지의 복습(20분)
⑰—— 왼쪽 잽의 얼굴 또는 보디 공격과 방어(15분)
⑱—— 왼쪽 훅의 안면 공격과 방어(10분)

● 여러 가지 레슨・프로그램

학교의 그룹의 경우는 신학기에 들어온 사람들을 모아서 강습할 수 있으나 일반 집에서는 이것은 어려운 일이다.

그러나 적어도 매월 처음으로 입회자로 초보자로서 그룹을 정리하고 계통적으로 가르치려고 한다면 효과적이다.

초보자를 4주간 강습하여, 월말에는 지금까지의 레슨의 테스트를 실시하고 거기에 합격한 사람만 다시 새로운 것을 가르치고 가는 시스템을 채용하면 좋다.

이 밖에 참고로 몇 가지 레슨·프로그램을 소개한다.

■ 연습계획 —— ①

나의 친구로서 전에 칸릿크대학의 체육학부장 에디·라폰드씨의 레슨·프로그램은 다음과 같은 순서로 되어 있었다.

❶——자세와 픗·워크

①자세 ②전·후 동작 ③좌·우 선회

❷——픗·워크와 줄넘기

① 자세의 복습, 좌·우에의 사이드·스랩핑 ② 줄넘기

❸ ——

① 복습 ② 줄넘기의 변화 ③ 왼쪽 잽과 그 방어

❹ ——

① 복습 ② 오른쪽 스트레이트 ③ 샌드백·아택크,매지신볼, 줄넘기,체조.

❺ ——

① 복습 ② 상대가 왼손을 내리면 오른쪽 스트레이트를 얼굴에 친다. 그 방어. ③ 샌드백·아택크,매지신볼,줄넘기,체조.

❻ ——

① 왼쪽 잽과 ② 방어의 복습, 그 왼쪽 잽의 연타 ③ 왼쪽 잽을 서로 동시에 친다. ④ 왼쪽 잽의 카운터 ⑤ 다미·아택크, 매지신볼,체조.

❼ ——

① 오른쪽 스트레이트와 그 방어, 복습 ② 왼쪽 훅을 얼굴에 친다. ③ 왼쪽 훅을 보디에 친다. ④ 샌드백·아택크,매지신볼, 줄넘기, 체조.

❽ ——

① 왼쪽 훅과 그 방어의 복습 ② 훅과 그 방어 ③ 왼쪽 훅을, 왼쪽

잽을 친다. ④ 샌드백 · 아택크, 매지신볼, 줄넘기, 체조

❾ ——

① 왼쪽 훅의 복습, ② 왼쪽 어퍼컷의 타격과 그 방어 ③ 오른쪽 어퍼컷의 타격과 그 방어, ④ 샌드백. 어퍼컷과 펀칭 · 백, 매지신볼, 줄넘기, 체조.

❿ ——

① 복습 ② 중거리 타격 ③ 접근전의 타격 ④ 매지신볼, 샌드백·아택크와 펀칭 · 백, 줄넘기, 체조.

⓫ ——

① 복습 ② 원·투 · 블로 ③ 왼쪽 잽, 오른쪽 스트레이트와 왼쪽 훅의 연타, ④ 왼쪽 잽과 왼쪽 훅의 연타 ⑤ 줄넘기와 체조.

⓬ ——

① 복습 ② 샌드백치기 ③ 매지신볼, 펀칭 · 백과 샌드백, 밋트치기, 줄넘기와 체조.

⓭ ——

① 복습 ② 여러가지 방법으로 파아리의 연습 ③ 펀칭 · 백, 줄넘기 체조.

⓮ ——

① 복습 ② 슬리핑 연습, 안팎으로 슬리핑 한다. ③ 펀칭 · 백, 줄넘기 체조.

⓯ ——

① 복습 ② 위빙의 연습 안팎으로 위브한다. ③ 밋트치기, 펀칭 · 백, 줄넘기와 체조.

⓰ ——

① 복습 ② 라이트 · 크로스 · 카운터의 연습 ③ 왼쪽 잽을 보디에 웨이트하고 왼쪽 훅을 안면에 친다. ④ 펀칭 · 백, 줄넘기, 체조.

⓱ ——

① 복습 ② 상대의 왼쪽 잽을 얼굴에 드로잉시킨다. ③ 상대에게 왼쪽 훅을 보디를 치게하고 드로잉 ④ 밋트치기, 펀칭 · 백, 줄넘기와 체조.

⓲ ——

① 복습 ② 상대에게 오른쪽 스트레이트를 얼굴에 치게하고 드로잉 한다. ③ 상대에게 오른쪽 스트레이트를 보디에 치게하고 드로잉 한다. ④ 매지신볼, 밋트치기, 펀칭·백, 줄넘기, 체조.

⓳ ——

① 복습 ② 상대의 왼쪽 훅을 어깨를 돌리고 피한다. ③ 상대의 오른쪽 훅을 어깨를 돌리고 피한다. ④ 샌드백·아택크, 펀칭·백, 줄넘기와 체조.

⓴ ——

① 복습 ② 콤비네이션·블로의 연습 ③ 펀칭·백, 줄넘기, 체조.

㉑ ——

① 복습 ② 로프에서의 대전 ③ 펀칭·백, 줄넘기, 체조.

■ 연습계획 —— ②

이 레슨·프로그램은 미군에게 채용되어 있던 방법으로서 ①의 프로그램과 함께 학교, 그룹 등에서 천천히 가르치는데 적합하다.

● 할당된 시간

• 자세	15%	• 공격	25%
• 풋·워크	15%	• 방어	25%
• 전략과 전술	10%	• 기구와 연습	10%

❶ —— 제 1 주

① 주먹을 쥐는 방법 ② 타격법 ③ 자세 ④ 상대와의 거리. 칠 수 있는 거리와 칠 수 없는 거리의 설명 ⑤ 전진, 후퇴, 좌·우 선회, 좌·우 스탭 ⑥ 대비자세, 풋·워크의 연습, ⑦ 왼쪽 잽의 타격법.

❷ —— 제 2 주

① 전주의 복습 ② 상체만을 뒤로 젖히는 방어 ③ 오른손을 펴고 브로크의 방어 ④ 밖으로 파아리하는 방어 ⑤ 안으로 파아리하는 방어 ⑥ 질의 응답

❸ —— 제 3 주

① 자세, 풋·워크와 왼쪽 잽을 피하는 방법의 복습 ② 오른쪽 스트레이트를 얼굴과 보디에 친다. ③ 오른쪽 스트레이트의 방어 ④ 왼쪽 잽을 상체만을 뒤로 젖히고 방어. 왼쪽 잽. 보디·블로를 손으로 브로크. 왼손으로 파아리하고 밖으로 피한다. 왼쪽 잽과 오른쪽 스트레이트의 연타. 왼쪽 잽과 오른쪽 스트레이트에 대한 방어 ⑤ 상대의 왼쪽을 오른손으로 브로크하거나 파아리하여 상대의 오른쪽을 자신의 왼쪽 잽을 치고 스톱한다. ⑥ 상대의 왼쪽을 밖으로 파아리하여 오른손의 펀치를 치지 못하게 한다. ⑦ 1분간 2회, 왼쪽 잽만의 연습 ⑧ 질의응답.

❹ —— 제 4 주

① 대비방법과 풋·워크의 연습 ② 오른쪽 스트레이트의 방어 복습 ③ 왼쪽 훅을 얼굴 또는 보디에 친다. ④ 왼쪽 훅을 얼굴에 치고 오는 것을 방어(상체를 뒤로 젖히고 방어하는 복습, 오른손 훅은 왼손 손목의 브로크, 더킹) ⑤ 왼쪽 훅을 보디에 치고 오는 것을 방어(상체를 뒤로 젖힌다. 오른손으로 브로크하거나 왼쪽으로 사이드 스탭한다.) ⑥ 1분간 2회, 왼쪽 잽만의 연습 ⑦ 질의응답

❺ —— 제 5 주

① 왼쪽 훅과 그 방어 연습 ② 오른쪽 어퍼컷 ③ 오른쪽 어퍼컷의 방어(왼손을 펴고 피하거나 왼팔을 앞으로 내고 브로크하거나 스릿프는 덕킹한다.) ④ 1분간 2회, 왼쪽 잽만의 연습 ⑦ 질의 응답

❻ —— 제 6 주

① 왼쪽 연결시켜 2회 치는 연습과 그 방어.왼쪽 잽의 보통 방어를 더블로 치고오는 두 번째의 잽을 사이드 스탭으로 피한다. ② 페팅과 연타 ③ 인파이팅과 방어 ④ 크린칭 ⑤ 2라운드의 연습, 1회에는 왼손만의 연습, 2회에는 양손을 사용하고 그 속에서 오른손만으로 보디를 치는 연습, ⑥ 질의 응답.

❼ ——제 7 주

① 마무리 연습. ② 샌드백치기 ③ 펀칭·백 ④줄넘기 ⑤ 샤드·복싱 매지신볼 ⑦ 질의응답

❽ —— 제 8 주

① 왼쪽 잽과 오른쪽 스트레이트와 그 방어 ② 왼쪽 잽을 카운터한다. (왼쪽 잽을 치고 빠진다. 밖으로 파아리하여 왼쪽 잽을 친다. 안으로 파아리하여 왼쪽 잽을 친다. 밖으로 파아리하여 왼쪽 혹에서 어퍼컷을 친다. 안쪽으로 슬리프하여 오른손으로 심장을 친다.) ③ 오른쪽 스트레이트를 카운터한다. (왼쪽 잽 또는 오른쪽 스트레이트를 친다. 왼손으로 상대의 오른쪽을 파아리하여 안면 또는 보디에 카운터 한다. ④ 2 라운드, 양손을 사용하는 연습. 오른손만으로 보디를 친다. ⑤ 질의 응답.

❾ —— 제 9 주

① 왼쪽 혹과 오른쪽 어퍼컷과 그 방어 · 복습. ② 왼쪽 혹에 대한 카운터(상체를 젖히고 오른쪽 턱을 친다. 덕킹하고 상대의 왼손 밑을 지나 왼쪽이나 오른쪽 보디를 친다.) ③ 양손을 사용하는 연습 ④ 질의 응답

■ 연습 계획 —— ③

이 레슨 · 프로그램도 미국 육군에서 복싱을 강습할 때 흔히 사용되고 있는 방법이다.

❶ —— 제 1 주

① 주먹을 쥐는 방법 ② 자세 ③ 전후 · 좌우에의 풋·워크

❷ —— 제 2 주

● 왼쪽 잽과 그 방어

❸ —— 제 3 주

① ① 과 ② 의 방어 ② 오른쪽 스트레이트와 그 방어 ③ 왼쪽 잽과 오른쪽 스트레이트의 연타, 그 방어

❹ —— 제 4 주

① 자세와 풋·워크의 복습 ② 왼쪽 혹을 얼굴과 보디에 친다. 이에 대한 방어 ③ 왼쪽 잽의 복습.

❺ —— 제 5 수

① 왼쪽 혹과 그 방어 ② 오른쪽 어퍼컷과 그 방어 ③ 왼쪽 잽의 복습.

❻ —— 제 6 주

① 왼쪽 잽의 연속타, 그 방어 ② 페인트와 콤비네이션·블로 ③ 인파이터와 그 방어 ④ 크라우칭 ⑤ 왼쪽 잽의 복습

❼ —— 제 7 주

① 샌드백과 펀칭·백 ② 줄넘기 ③ 샤드·복싱과 매지신볼

❽ —— 제 8 주

① 왼쪽 잽과 오른쪽 스트레이트의 복습 ② 왼쪽 훅, 어퍼컷, 그 방어의 복습 ③ 왼쪽 잽, 오른쪽 스트레이트, 왼쪽 훅과 어퍼컷의 종합연습.

❾ —— 제 9 주

① 왼쪽 훅과 오른쪽 어퍼컷과 그 방어 복습 ② 왼쪽 훅에 대한 카운터 ③ 좌·우 연타의 종합연습.

■ 연습계획 —— ④

이것은 미국 코네치캇트주 스텐포오드·복싱 클럽의 월타·S·론고 회장이 초보자에게 가르치는 복싱강습의 요약이다.

① 주먹을 쥐는 방법 ② 반데이지를 감는 방법 ③ 대비자세 ④ 전진·후진의 동작. ⑤ 좌우·선회 ⑥ 왼쪽 잽 ⑦ 오른쪽 스트레이트 ⑧ 왼쪽 훅 ⑨ 좌우 어퍼컷 ⑩ 콤비네이션·블로 ⑪ 덕킹과 브로킹 ⑫ 파링과 캬칭 ⑬ 크라우칭 ⑭기타의 방어 ⑮ 카운터 공격 ⑯ 페팅 ⑰ 인파이팅 ⑱ 사우스포에 대한 대책.

트레이너의 자격

● 경험과 지식

이 책을 쓸 때 나는 뉴욕에서 50년의 경험을 가진 베테랑 트레이너, 프레리·브라운씨에게「트레이너가 되는 자격이라는 것이 있다면 가르쳐 주십시오」라고 질문했다.

이에 대해서 브라운씨는「복싱을 사랑하고 복싱에 관한 일이라면 무엇이든지 알고 있는 것이, 우선 제 1 조건. 이런 사람이라면 5 년정도 수업하면 트레이너가 될 수 있을 것이다」라고 대답했다.

복서와 트레이너의 관계는 부자 사이처럼 신뢰감으로 맺어져 있지 않으면 안된다. 그러나 인간이란 모두가 얼굴이 다른 것처럼 성격도, 몸의 조건도 각각 다른 특징을 지니고 있다. 그 복잡한 인간을 하나의 정해진 형태로 만들어내는 것은 우선 무리라고 하는 프리크숀이 일어난다.

트레이너가 그것을 하면 틀림없이 그 두 사람의 관계는 파멸할 것이다.

복서라고 하는 인간 그 자체를 어떻게 취급하는가가 트레이너로서의 성패의 열쇠가 되는 것이다.

날마다 복서의 연습을 주의 깊게 관찰하고 컨디션의 양부, 정신적인 움직임을 판단하고 복서가 시합에서 다치게 되면 적절한 응급치료도 하지 않으면 안된다. 복서가 시합 전의 긴장이나 감량의 고통으로 힘이 빠진 상태가 되지 않도록 항상 밝고 즐거운 대화로 복서를 리랏크스에 유도해 나가는 일도 트레이너로서의 큰 역활이다.

트레이너는 간단한 의학 지식 외에도 심리학의 초보정도는 알고 있지 않으면 안된다.

● 세컨드를 할 때

복서가 시합을 할 때는 그 시합 상태를 코너에서 냉정하게 관찰하여, 라운드 종료 후 코너에 돌아오는 복서의 피곤한 몸을 우선 회복시키고, 그리고 나서 천천히 다음의 라운드의 작전을 지도한다. 이것이 세컨드의 중요한 임무이다. 세컨드는 복서의 「뒷눈」이라고 흔히 말하고 있다.

복서가 볼 수 없는 상황을 냉정하게 판단하고 다음의 라운드의 작전적인 조언을 해주지 않으면 안되는 세컨드가 흥분하여 시합 중에 떠들게 되면 다음의 전술을 생각할 여유가 있을 수는 없다.

상대가 저쪽 코너에서 큰 소리로 응원한다고 해서 대항적으로 떠들어도 자신의 복서가 이득이 될 것은 없다. 이점 아마추어의 시합에서는 룰을 잘 지키고,세컨드들은 정숙한다.

세컨드는 어디까지나 얼음처럼 냉정해야만 한다.

그럼 복서의 「뒷눈」이라고 하는 세컨드는 시합장에서 구체적으로 어떤 일을 하는가.

①── 시합장에 도착하여 대기실에 들어가면 시합 한 시간 정도 전에 복서의 몸을 알콜성의 러브·다운·오일로 잘 맛사아지 한다.

②── 복서의 주먹에 규정대로 반데이지나 테이프를 감는다. 너무 강하게 조르지 않도록 한다.

③── 글러브의 끈도 너무 강하게 조이면 그 부분의 혈액순환을 나쁘게 한다.

④── 세 사람 중의 한 사람은 치이프가 되어 두 사람의 시합중의 일의 할당을 정한다.

⑤── 대기실에서나 링에서 곤그를 기다리는 동안 찬 바람이 직접 피부에 닿지 않도록 복서·로오브 등을 걸치고 따뜻하게 한다. 로오브는 이런 의미에서 두꺼운 타올같은 천이 좋다.

⑥── 시합이 끝나면 복서의 몸의 땀을 잘 닦아내고 또 로오브를 입히고 대기실로 가서 샤워를 시키고 타올로 습기를 잘 닦아낸다. 시합 후 곧 TV 방송석에 땀을 흘린 채 가는 것은 이러한 의미에서 그다지 좋은 일은 아니다.

⑦── 라운드의 휴식시간에 자전적인 조언을 하는 타이밍은 다음 라운드가 시작되기 조금 전에가 좋다. 코너에 돌아온 복서는 피로하기

때문에 우선 쉬게 하는 것을 생각하지 않으면 안된다.

⑧── 휴식시간에는 복서의 후두부나 귀 뒷부분을 얼음같은 것으로 습포한다.

⑨── 하복부에 찬 물을 흘리는 일은 피로회복을 빨리하는 효과는 있으나, 그 물로 트란크스나 신을 적시면 트란크스가 허벅다리에 밀착하여 풋·워크를 경쾌하게 할 수가 없다.

⑩── 눈 위의 상처와 코피 등에는 아드레나린을 약하게 한 것으로 지혈시킨다. 한 번 와세린을 바르면 그 피막에 아드레나린이 상처에 침투하기 어렵게 된다. 아드레나린 사용법은 극약이기 때문에 의사에게 그 용도(溶度)의 지도를 받아야 한다.

⑪── 세컨드는 대소(大小)의 스폰지, 다소의 타올, 스매링·솔트(정신이 들게 하는 약), 지혈에 사용되는 탈지면, 가위, 물병, 물통 등을 준비한다.

⑫── 세컨드는 자신의 복서의 몸 상태, 실력을 누구보다도 잘 알고 있으므로 복서가 링 안에서 절망상태가 되기 일보 전에서 구해내지 않으면 안된다. 불필요한 다매이지를 받는 것은 그 복서의 캬리어를

축소시킨다.

⑬——①에서 설명한 것처럼, 시합 전에 대기실에서 몸에 알콜성 러브·다운유로 잘 맛사아지를 하고 사지에 필요한 활력을 주도록 해 놓는다. 동시에 시합이나 연습을 마치면 피로한 근육을 잘 주무르고 피로를 지속시키지 않도록 해야 한다. 또 러브·다운유를 사용하여 맛사아지를 하고 몸을 푼다.

이 때 사용하는 용액은 「오메가유」 혹은 매칠·사린레이트이나 유카리유를 알콜과 혼합한 것이 옛부터 사용되어 왔다. 나는 이러한 약품을 알콜과 적당히 혼합하여 사용하고 있다. 예를 들면 알콜「3」에 대해서 윈타·그린과 유카리유 「1」 정도식 조합한 것으로 가볍게 맛사아지 한다.

이것은 복싱뿐만 아니라 모든 스포츠에 있어서 실로 근육에 활기를 주는 청량제 같은 것이다.

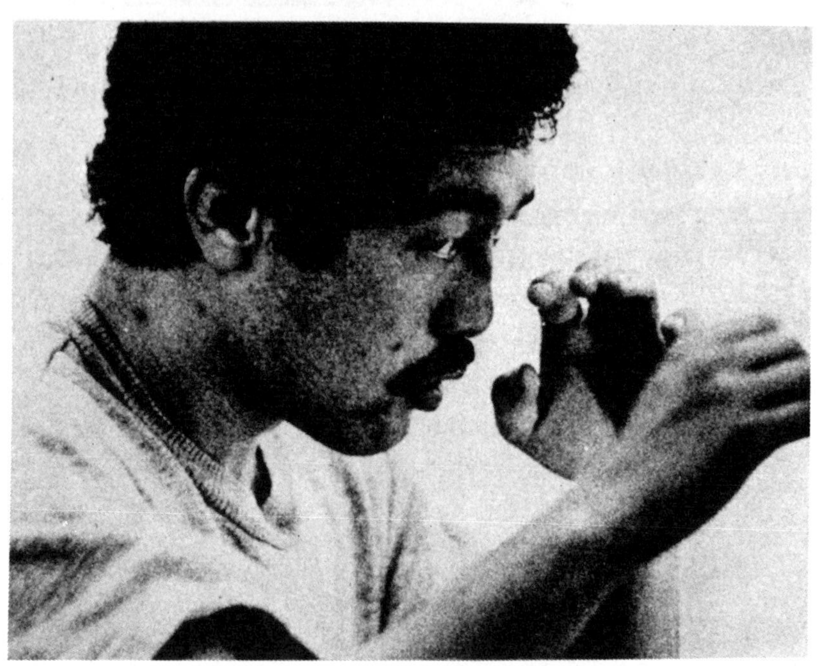

상처의 예방과 치료

시합에서 복서가 가장 부상을 입기 쉬운 곳은 눈 주위, 코와 입술일 것이다. 눈 주위는 머리에 부딪혀도 다치기 쉽다. 왼쪽 잽을 코나 입 주위를 맞으면 큰 충격으로 코피를 흘리고 입안의 점막을 다치게 하고 때로는 버팅이나 강타로 인해 앞니를 다칠 때도 있다.

눈 주위를 자주 다치게 되면 상처의 흔적이 남아 펀치의 충격이나 머리에 부딪치면 곧 찢어지는 일이 있다. 낡은 상처는 완전히 치유해 놓지 않으면 안된다.

미국의 세계 참피언 죠·프레이저나 제리·워어리는 안면의 피부를 강하게 하고 부상을 예방하기 위해서 염수로 얼굴을 씻고 피부 그 자체를 단련시킨 것이 효과가 있었다고 말하고 있었다.

여름에 바다에서 수영하면서 염수로 얼굴을 맛사아지하는 것도 피부가 약한 사람에게는 효과가 있다고 하와이의 트레이너 스탄레·이또오씨도 이것을 장려하고 있다.

입 안에는 이와 점막을 보호하기 위해서 마우스피스를 사용한다. 이것은 자신의 치형에 잘 맞추어서 만들지 않으면 안된다. 눈 주위의 상처나 코피는 아드레나린을 잘 사용하면 곧 지혈시킬 수 있다. 그러나 필요 이상으로 와세린을 바르게 되면 앞에서도 말한 것처럼 상처에 와세린의 피막이 생겨서 아드레나린이 상처에 잘 침투하지 않아 효과가 잘 나타나지 않는다.

또 시합 전부터 눈 주위에 상처가 있을 경우 또 시합 중에 다시 찢어지는 우려가 있을 때는 「코로지온」이라고 하는 용액을 사용하여 그 상처 위를 피복하고 보호하여 시합에 임하는 사람도 있다. 이 방법은 코로지온을 바르고 그것을 증발 시키지 않으면 효과가 없기 때문에 시합중에 갑자기 사용할 수는 없다.

시합 중에 코 뼈가 부러지거나 엄지 손가락이나 발목, 어깨나 팔을 다쳤을 때 혹은 하복부에 강타를 맞아 일어나는 통증 등은 1분간의 휴식으로는 도저히 회복시킬 수가 없다.

연습 중의 부상은 정확한 주먹에 반데이지를 감고 펀치를 쳤을 때도 너클·파트로 칠 것. 안면은 헤드·기어, 하복부에는 논·파울·프로텍타를 착용하므로서 예방할 수 있다.

연습이나 시합에서 어딘가를 다치게 되면 곧 의사로부터 치료를 받아 완전히 치료해 놓아야 한다.

복싱의 예비운동

● 예비운동으로 체격을 향상시킨다

복싱의 체격을 향상시키기 위해서는 예비운동으로부터 시작된다는 것은 다시 말할 필요는 없을 것이다.

체조, 런닝, 줄넘기, 다미치기, 펀칭·백, 매지신볼, 체스트·웨이트(프리잉라고도 한다.) 샤드·복싱, 또 2인 1조의 밋트치기 어느 것이나 컨디쇼닝에는 훌륭한 효과가 있다.

그러나 복싱의 예비운동은 다음에 말하는 것만은 아니며, 모든 실내·옥외 스포츠 혹은 일상의 노동은 모두 복싱에 필요한 체격을 만드는데 도움을 주는 예비운동이라고 해도 될 것이다.

세계 페더급 챔피언이었던 데이빗·무어 (미국＝링화(禍)로 사망)는 소년시대 농원에서 날마다 중노동을 해온 그 강한 끈기 있는 근육을 만든 것이 원동력이 되었다고 해도 좋을 것이다.

또 일본에서 면도날 펀치라고 하여 선풍을 일으키고 두 번이나 세계 프라이급 챔피언에 오른 우미노바라는 소년시절부터 기계체조와 농구로 복싱 체격을 만들었다고 말하고 있다.

● 여러 가지 운동을 한다.

무어는 중노동, 우미노바라라는 기계체조로 근력을 키우고 동시에 복싱의 예비운동이나 농구로 근육에 유연성을 풍부하게 하여 그러한 강타의 능력을 키워온 것이다.

특히 우미노바라의 경우, 기계체조와 농구라고 하는 강(剛)과 유(柔)의 혼합이 좋았다고 하는 것은 굳어지기 쉬운 근육을 풀어 주는 결과가 되었다고 생각된다.

상체의 근육을 강하게 하기 위해서는 아이소메트릭스 같은 강한 체조를 하는 한 편 스키, 수영, 테니스 같은 유연성, 민첩성과 지구력을

연습을 시작할 때는 가벼운 워밍·업의 몸 풀기로부터 시작, 계속해서 샤드·복싱에 들어간다.

키우는 스포츠를 하는 것도 재미있는 구성이 될 것이다.

이와 같이 복싱을 하기 위한 특별 예비운동 뿐만 아니라 레크레이션으로서 여러 가지 스포츠를 하면 몸뿐만 아니라 정신의 긴장을 풀기 위한 의미에서도 중요하다.

세계 프라이급 챔피언이었던 파스칼·페레스(아르헨티나)는 일견 경직성을 나타내고 있는 체격이지만, 체조에서 단련한 근육은 실로 유연하고 용수철처럼 강한 것이었다.

■ 잔핑 · 작

두 손을 몸 옆으로 내리고 양발을 나란히 하고 선다. 그 자리에서 뛰어오르고 동시에 두 손을 밑에서 머리 뒤에 올리고 두 손을 때리고 양발을 모으면서 착지. 이 운동을 경쾌한 리듬으로 되풀이 한다.

■ 싯트업 그리고 쓰이스트

상체를 틀어 일으키고 위를 보고 누워 양발을 열고 상체를 일으키면서 왼손을 오른발 끝에 붙이고, 위를 보고 누운 본 자세로 돌아가고 이번에는 오른손을 왼발 끝에 붙인다.

이 다섯 종류의 체조는 카나다의 공군 당국이 일반에게 권장하고 있는 것인데 복서의 체조에도 이용되고 있다.

페레스는 매일처럼 단조로운 체조에 30분씩이나 할애하고 연습하는 것이 오래 동안의 습관이었다.

런닝을 하는 것도 지구력을 가지게 하는 점에서 훌륭한 효과가 있다. 그러나 시합이 가까와지고 예정대로 컨디션이 완성되면 이 로드·웍이나 샌드백치기를 중지하는 쪽이 좋을 경우도 있다. 시합에까지 그대로 좋은 상태를 유지하기 위해서다.

오버·워크가 되어 피로가 오거나 근육이 굳어지는 것은 예방해야 한다. 이러할 때야말로 경험이 있는 트레이너의 적절한 조언이 크게 도움이 된다.

● 상체의 근육을 단련한다.

평상시의 연습에서, 특히 한국인에 있어서 필요한 예비운동은 목에서 상체에 이른 근력(筋力)을 단련하는 일이다. 한국인의 상체의 골격은 백인이나 흑인에 비해서 골격 자체가 가늘어서 그런지 약한 느낌이 있다.

그렇다고 해서 웨이트·트레이닝처럼 강한 운동을 너무하게 되면 근육이 경직되어 민첩성을 잃게 된다. 이 점, 불과 10초 동안 전신의 힘을 넣는 것만으로도 정적근력(靜的筋力) 트레이닝의 목적이 충분히 달성될 수 있는 「아이소메트릭크스」를 연습의 하나로 첨가하는 것을 권하

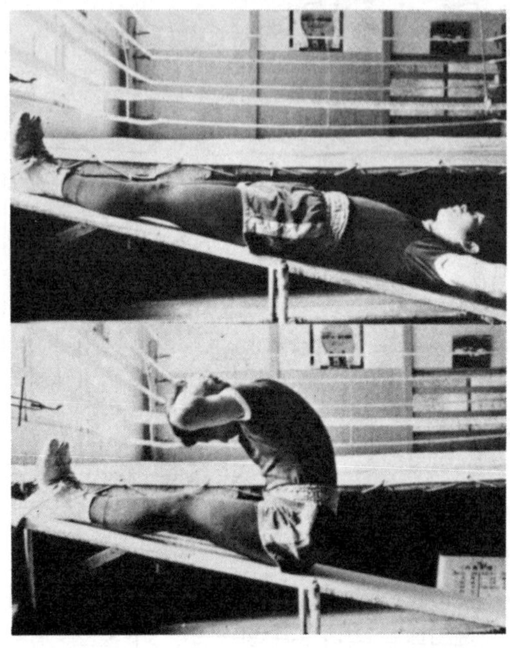

■ 복근(腹筋)운동

발 끝을 밑에 고정시키고 상체를 일으키면서 복근을 단련시킨다.

고 싶다.

이 아이소메트릿크스는 근력을 강하게 하지만 지구력이나 민첩성을 높이는 효과가 없으므로 그러한 결점은 다른 예비 운동이나 스포츠를 병행하면서 보충하도록 해야 한다.

또 트레이닝을 시작할 때는 꼭 가벼운 포엄·업으로 몸을 풀고,차츰 강하게 하고 연습을 마칠 때가 되면 약하게 하고,마지막 마무리에는 전신의 근육을 조절하는 운동으로 마무리하는 것이 요령이다.

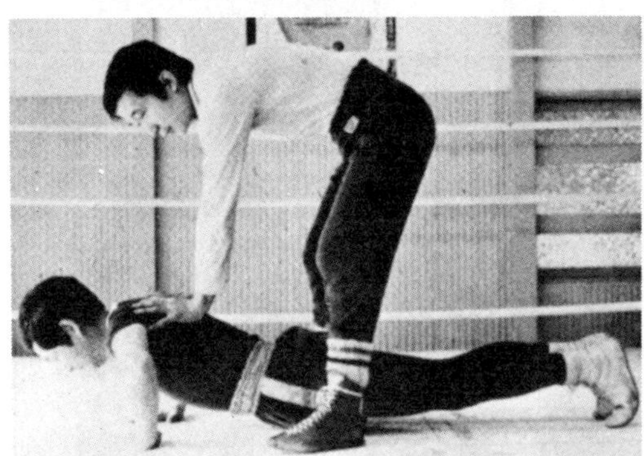

■ 상반신을 단련한다.

그림과 같은 자세를 취하고 등을 누르도록 한다. 그대로 팔을 뻗고 등을 올리고 10초 동안 견딘다.

■ 풋슈·업

손을 잡고 앞으로 뻗어 어깨가 피로해져서 이 이상 할 수 없을 때까지한다. 손목, 팔꿈치, 팔 어깨에 힘을 가지게 한다.

■ 목의 근육을 단련한다.

링 코너에서 양발을 링 로프에 올리고 목을 좌우로 튼다. 이것은 숙달되지 않으면 위험하다.

■ 턱을 단련한다.
상대에게 목을 위에서 밑으로 누르도록 하고 목을 위를 향하여 10초 동안 올리고 목의 굴근(屈筋)과 신근(伸筋)을 단련한다.

■ 팔을 단련한다.
팔꿈치를 뻗어 힘껏 밑으로 내리려고 하는 것을 저항을 주어 막는다. 이것을 10초 동안 견딘다.

■ 복근을 단련한다.
상체를 일으키려고 하는 것을 위에서 누르게 하여 저항을 준다. 이 상태에서 10초 동안 견딘다.

이렇게 해놓으면 근육은 언제나 유연하고 또 강한 힘을 발휘할 수가 있다.

또 트레이너에 의하면 복서의 복근(腹筋)를 단련시키기 위해서 복서를 위로 보고 눕게하여 위에서 복부에 매지신 · 볼을 힘껏 던지는 사람이 있으나 초보자에게는 권장하지 않는다. 장기간 연습으로 몸이 단련되어 있지 않는 사람은 이 강한 충격으로 심장을 다치게 하는 일이 있기 때문이다.

일류 프로의 트레이닝 일정

● 연습계획은 적절하게

시합에 대비한 트레이닝 일정은 코치나 트레이너의 의견 차이와 또 트레이닝의 결과에서 생기는 선수 개인의 컨디션의 차이 등에서 변해 간다.

연습이 너무 과도하여 중요한 시합 직전에 허탈상태가 되고마는 경우도 있다. 이렇게 되면 모처럼의 연습도 그림의 떡이 되고 만다.

그러는가 하면 연습 계획이 너무 조잡하여 선수자신이 연습을 태만했기 때문에 컨디션 조정이 불충분하여 시합 직전에 급격한 감량을 하지 않으면 안되는 경우도 있다. 이래서는 링에서 충분히 힘을 발휘할 수 없게 된다.

● 컨디션 조정은 평소부터 한다.

프로선수의 연습은 엄격한 것이 당연하다. 예를 들면 헤비급 복서는 웨이트 제한이 없으므로「시합 일정이 없는 기간에는 즐거울 것이다」라고 생각하는 사람이 있을런지도 모른다. 그러나 사실은 그 반대이다.

방심하고 있으면 곧 비대해지고 다음 시합에 대비하여 연습을 시작해도 기술을 연마하기 전에 체중 조정이라는 큰 장해가 생기고 무익한 시간을 낭비하지 않으면 안 된다.

그들은 생활이 걸려 있기 때문에 그런 비능률적인 것은 하지 않는다. 그래서 평상시에도 가벼운 로드 · 웍이나 다른 스포츠를 통해서 컨디션의 조정을 태만하지 않는다.

●프레이저의 예(例)

여기에 그 좋은 예가 있다. 복서이자 뮤지샨이기도 하는 세계 헤비급 챔피언였던 죠 · 프레이저는 무하마드 알리를 누르고 세계 최강 복서의 자리에 오른 후의 1971년의 여름부터 가을에 걸쳐 자신의 악단 「녹아웃」를 인솔하여 구라파 연주여행을 했는데, 그때도 매일 아침 로드·웤을 계속하여 체조(体調)를 조정하고 있었다고 한다.

그는 자신의 연습장을 가지고 있었는데 시합이 결정되면 그 시합에 대비하여 약 7주간의 맹훈련을 하는 것이 보통이다. 「세기의 일전」이라고 했던 알리와의 시합(1971년 3월)전, 1개월에서 2개월에 걸쳐서는 엄동이었으나 기온이 영하로 내려갔을 때도 오전 다섯 시에는 로드·웤을 시작하여 매일 7km~10km를 뛰고 있었다.

아직도 어두운 이른 아침 로드·웤에 나가지 않으면 자동차의 배기가스로 공기가 오염되기 때문이다. 로드·웤에서 돌아오면 샤워로 땀을 씻어내고 휴식. 저녁 때 연습장에 들어가서 가벼운 샤드·복싱, 샌드백·아택크의 마무리 체조를 하는 일가로 최초의 1주일을 보내고 서서히 컨디션을 조정해 갔다.

제2주에 들어가면 몸도 대체로 습관되어 아침의 로드·웤 외에도 저녁 때의 훈련도 보통과 같은 내용의 것이 된다.

제3주도 내용은 제2주째 것과 거의 같은 것이지만 대체로 이때부터 적당한 보양지에서 캠프 트레이닝을 시작한다. 프레이저는 뉴욕주 캬매샤·레이크의 콩고드 호텔을 거점으로 하여 연습을 시작했으나 눈이 쌓여 로드·웤의 능률이 오르지 않았기 때문에 급히 연습지를 필라델피아의 집으로 변경하여 연습을 계속했다.

그는 이러할 때 시합 당일에 예정하고 있는 베스트·웨이트(205 파운드)를 약 10파운드 오버하고 있을 뿐이기 때문에, 매일 4, 5명의 스파링·파트너와 4-8라운드의 스파링을 하고 있었다.

스파링의 양도 많아 알리전(戦)의 전년 가을에 했던 보브·포스터와의 시합 연습에는 실로 172라운드를 소화했다고 한다. 한국 복서의 4배 이상의 양이 된다.

로드·웤 때는 물론 스파링 연습 때도 꼭 비닐의 옷을 입고 연습을 통해서 매일 조금씩 감량해가는 계획적인 방법을 취하고 있었던 것이 주목할만 하다.

전체의 연습에서는 5, 6주째가 최고조이며, 제7주째는 차츰 내려

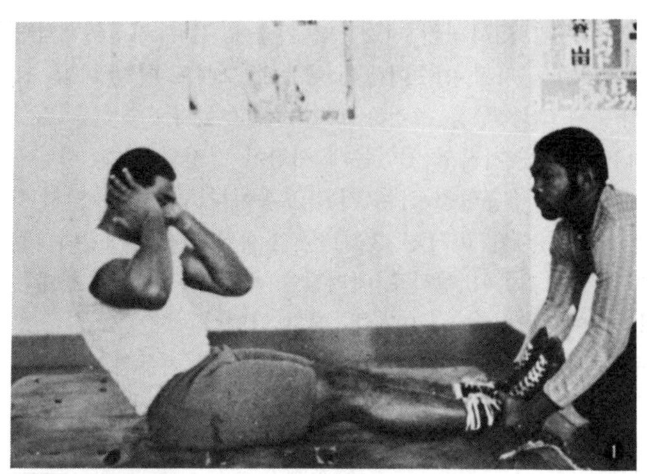

간다. 그리고 시합 2, 3일 전에는 가볍게 움직였을 뿐이고 그 후에는 조용히 휴식하여 시합에 대비하는 것이 습관화되어 있다고 한다.

또 그는 음식에도 충분히 신경을 쓰고 시합 2주 전부터는 모든 전분질의 것을 피하고 육류도 지방질이 없는 것을 선택하고 이 육류와

■ 맥스 · 포스터의 예비 운동

① 트레이너에게 양발을 누르게 하고 상체를 일으키는 복근 운동
② 매트 위에 머리를 대고 물구나무 서기를 하여 목의 근육을 단련한다.
③ 트레이너와 매지신·볼을 던지며 반사신경과 민첩성을 기른다.
④ 샌드백으로 덕킹 연습을 한다.

야채, 과일이 식사의 중심이었다. 시합의 당일은 군고기, 야채, 과일, 연한 홍차 정도의 것이었다.

이와 같이 헤비급의 프레이저까지도 세심한 배려로서 연습을 쌓아 체조(体調)를 조정했던 것이다.

일반적인 연습 일정을 말해 본다. 우선 집에서의 연습에 할당된 배분이다.

① 포옴·업(약 10분)
② 샤드·복싱(약 3라운드)
③ 샌드백·아택크 (약 3라운드)
④ 펀칭·백(약 3라운드)
⑤ 줄넘기(약 3라운드)
⑥ 샤드·복싱(1라운드)
⑦ 체조

이것으로 긴 연습기간을 스타트한다. 숙달돼가면 다음 주부터 샤드·복싱, 다미·어택, 펀칭·백, 줄넘기의 회수를 줄이고 스파링을 5, 6회로 하는 프로그램으로 하여 제4주에서 제6주에 정점으로 가도록 한다.

시합기술(링 · 사이언스)

실제로 링에 올라가서 대전할 경우 시합 기술은 전술과 전략의 두 개로 나누어서 생각하는 것이 일방적일 것이다.

●전술

실전에서는 어떤 일이 일어나게 될른지 전혀 예측할 수가 없다. 이 불측의 사태에 대처해서 자신을 확고하게 지키고 가는 능력이 전술에 있다.

링 안에서는 두뇌전으로 상대를 리드하지 않으면 승리는 어렵다. 그러나 코치나 트레이너가 아무리 가르친다고 해도 이것은 실제 링안에서 경험을 쌓지 않으면 좀처럼 몸에 익숙해지지 않는다. 실제 시합을 경험하는 동안에 상대의 공방상태를 파악하고 차츰 상대의 작전의 허점을 파악하게 되는 것이다.

링 전술을 분석해보면 다음과 같다.

① 눈은 절대로 감아서는 안된다. 어떤 펀치에도 두 눈을 뜨고 상대의 동작을 빠짐없이 보고 있어야 한다.

② 상대의 동작 하나 하나에 경계하라.

③ 입술을 물지 말라.

④ 입은 될 수 있는 한 굳게 닫아라.

⑤ 호흡은 코로 하라.

⑥ 근육의 힘을 빼고 대비하라. 굳어져 있으면 피로가 빨리 온다. 그리고 시급할 때 빠른 동작을 취할 수 없다.

⑦ 동작은 언제나 편하고 경쾌하게 할 수 있도록 대비한다.

⑧ 발은 몸에 끌려가는 듯한 동작을 취하지 말 것. 발끝을 바닥에 붙이고 부드럽게 미끄러지는 듯이 움직인다.

⑨ 웨이트나 펀치력이 뛰어난 선수라면 될 수 있는 한,아웃·복싱을 하여 필요이상으로 접근하지 말 것.

⑩ 레슬링처럼 팔을 감고 크린칭은 피하라.

⑪ 풋·워크는 뛰어오르면 안된다.

⑫ 글러브를 편 채 상대를 쳐서는 안된다.

⑬ 펀치를 무작정 내지 말 것.

⑭ 상대의 어떤 펀치라도 경시하지 말 것. 꼭 방어태세를 견고히 할 것.

⑮ 상대의 펀치는 될 수 있는대로 자신의 몸에 가장 가까운 위치에서 피하고 자신의 몸을 멀리 뻗지 말 것.

⑯ 턱은 흉골에 당겨붙이고 양팔꿈치는 겨드랑이에 붙여놓을 것. 특히 턱이나 보디에 오는 펀치를 브로크할 때 오른팔꿈치는 확고하게 몸에 붙여놓아야 한다.

⑰ 될 수 있으면 방어적인 효과도 동시에 겨눌 수 있는 펀치를 날리고 상대를 놀라게 한다.

⑱ 시종 자신의 스타일로 싸우고 상대가 좋아하는 스타일로 싸우지 않도록 한다.

⑲ 자신의 페이스로 상대를 이끌어간다.

⑳ 양손은 항상 기본자세를 취하고 절대로 내려서는 안된다.

㉑ 상대가 펀치를 낼 듯한 기미가 있을 때는 꼭 움직인다.

■ 유연성을 키우는 운동

복싱(권투) 용어(用語) 해설

■ A

●아니이·오클레이 annie oakley 시합장 출입구를 지나가는 얼굴 패스.
●에프론 apron 링 외부에 붙인 전단.
●아스트라이드 astride 양발의 간격이 넓은 것.

■ B

●밸런스 balance 몸 상태가 균형이 잡히고 있는 상태.
●백핸드·블로 backhand blow 손등으로 치는 반칙.
●볼·오브·풋트 ball of foot 엄지 발가락.
●비이저 beezer 코, 얼굴.
●비이트 투 더 펀치 beat to the punch 상대의 왼쪽 훅을 왼쪽 잽으로 막아 그 위력을 반감시킨다.
●벨리 belly 복부.
●벨팅 belting 치는 것.
●빅 펀치 big punch 훌륭한 강타.
●브래스팅·블로 blasting blow 폭발적인 펀치.
●비프 biff 펀치의 속칭.
●보로·펀치 bolo punch 크게 겨눈 스윙이나 어퍼커트.
●보디 파운더 body pounder 보디·브로와 같다.
●보빙 bobbing 머리를 전후로 흔들며 상대의 펀치를 피하는 동작.
●복서·펀처 boxer puncher 기술과 펀치가 뛰어난 복서.
●보오링·인 boring in 발을 잘게 움직여 전진한다.
●브루저 bruser 복서. 어원(語源)은 크고 강한 남자.
●버톤 button 보톤을 누르면 넘어진다고 하는데서 나온 턱의 속칭.

●붓트 butt 머리·팔꿈치나 손목으로 상대를 치는 반칙.
●버클·니이즈 buckle knees 펀치의 충격으로 무릎을 굽히는 상태.
●벗터플라이즈 butterflies 시합 전의 복서를 초조하게 만드는 일.
●브리드배스겟트 breadbasket 위부(胃部)

■ C

●코오숀 caution 레프리가 주는 주의
●캐리어 career 복서의 경력.
●캣치 catch 왼손 잽 등을 글러브로 받아막는 방어.
●코리플라워·인더스트리 cauliflower industry 복싱 흥행, 복서의 귀가 망가진 상태가 야채 코리플라워에 담고 있다고 하는데서 온 속어.
●치이즈·챔피언 cheese champion 실력이 없는 왕자. 스위스의 치이즈처럼 구멍투성이라는 의미.
●찬세리·크린치 chancery clinch 곤란하게 되어 끼어 안는 것.
●콤비네이션스 combinations 계속하여 몇 개의 펀치를 친다.
●컨트롤드·복싱 controlled boxing 특수한 기술만을 한정하고 하는 연습.
●콘텐더 contender 도전자.
●카운터크록크와이즈 counterclockwise 왼쪽으로 돌지 않고 오른쪽으로 움직인다.
●커크스크류·펀치 corkscrew punch 미국의 컷드·맷크코이가 고안해낸 혹을 트는 듯이 하고 치는 펀치.
●크린·아웃 clean out 몰락 또는 파산한다.
●크러터 clouter 강타자. 거치른 펀처.
●커텐·레이저 curtain raiser 시합에 제일 먼저 짜여진 것.
●크러드 플레저 crowd pleaser 인기가 있는 선수.
●크로스 cross 교차되는 것.
●크로스·카운터 cross-counter 상대의 왼손 너머로 왼쪽 턱을 친다. 카운터의 대표적인 타격.
●크리스·크로스 criss-cross 좌우 교차하여 치는 타격.

●크라렛트 claret 붉은 포도주에서 전화하여 혈액을 말한다.
●크러빙 crabbing 불평.
●컷 · 맨 cut man 세컨드, 상처의 치료에서 나온 말.
●촛퍼 chopper 위에서 쳐내리는 펀치.
●촛핑 · 브록 chopping block 치기 쉬운 목표, 낙적(楽敵)
●컵 · 더 · 라운드 cop the round 그라운드에 이기는 것.
●클쟈웨이트 cruiserweight 라이트 헤비급의 영국식 호칭.
●코너 · 워어크 corner-work 코너에서 잘 싸우는 기술.
●커핑 cuffing 상대의 펀치를 손으로 때리고 나오는 행동을 좌절시키는 행위.
●코머 coma 혼수상태.
●콘크 conk 코라는 속칭, 얼굴을 친다는 의미도 있다.
●칠 chill 상대를 펀치로 실신시킨다.

■ D

●데드 · 히이트 dead heat 붙어서 경합한다.
●데드 · 어즈 어 두네일 dead as a doornail 놋크아웃.
●데드 · 웨이트 dead weight 지방질을 빼낸 체중.
●다메지 damage 펀치를 받는 상해(傷害)
●데픈시브히팅 defensive hitting 상대보다 빨리 반격하는 타격.
●다이어트 diet 식사규정.
●다이브 dive 가짜 시합에서 넘어지는 일.
●데뷰 debut 첫시합
●드로우잉 drawing 상대를 유혹하는 것.
●드로우 draw 무승부. 제비뽑기.
●드로우잉 · 카드 drawing card 인기 있는 구성.
●더블 · 펀치 double punch 같은 손으로 계속해서 두 번 친다.
●더블 · 크로스 double cross 배신행위
●델리버 어 펀치 delivea a punch 펀치를 친다.
●드라이브 어 펀치 drive a punch 이것도 펀치를 친다는 의미.

●드렛싱 · 룸 dressing room 대기실
●드라이 · 아웃 dry-out 체중을 조절할 때 수분의 섭취를 24시간 단절하면 체내는 이온화되어 신경을 자극하여 속도와 지구성을 증가시키는 효과가 있다고 하는 조절법
●더크 duke 주먹
●덤 · 도라 dum dora 우둔한 사람
●다미 · 어택 dummy attak 옛날 풍(風)으로 말하는 샌드백으로 공격의 자세나 타력을 연습하는 기구.

■ E

●에퍼커치브 · 블로 effective-blow 유효타.
●엘보잉 elbowing 팔꿈치로 상대를 치는 반칙
●이븐 even 갈라놓는다.

■ F

●패스트 · 엔드 · 클레버 fast and clever 동작에 절도가 있어 잘하는 것.
●페인팅 feinting 상대를 현혹시키고 유인하는 기술
●피어스코 fiasco 바보같은 실패.
●피스티크 어스피런트 fistic aspirant 복서 지원자
●피이크스 fix 상대를 매수한다.
●프리커 잽 flicker jab 가볍게 치는 잽
●파이트 · 라켓트 fight racket 가짜 시합
●피스티커프 fisticuff 복싱시합
●파이터 fighter 복서 중에서 힘이나 지구력으로 싸우는 사람의 별칭이지만, 최근에는 이러한 펀치라고 부르게 되었다.
●퍼스트 · 에이드 first aid 구급치료
●풋워크 footwork 발의 동작
●프랫트 · 풋트 flat foot 발바닥 전체를 바닥에 붙여서 하는 발동작.
●플로어 floor 링의 바닥. 단순하게 캔버스(canvas) 덕크(deck)

라고도 부른다.

●프래임 · 업 frame up 가짜시합을 공작한다.

●플라턴 flotten 치고 넘어뜨린다

●플레커스 fracas 복싱시합, 싸움에서 변화한 말

●플롭 flop 상대를 속이려고 하다가 오히려 실패하는 일

●플라우 · 업 follow-up 펀치나 동작을 계속한다.

●플라우 드로우 follow-through 펀치를 치는 방향을 향해서 힘껏 날린다.

●풀 · 카운트 full count 레프리가 나인 아웃을 선언하는 KO

■ G

●게임 · 치킨 game chicken 기력이 강한 작은 복서

●가슈 gash 얼굴 등이 찢어진 상처

●갈롭 · 스텝 gallop step 빠른 박자의 풋 워크.

●글라스 · 죠 glass-jaw 약한 턱.

●글라디에터 gladiator 고대 로마시대의 복서

●그린 · 보이 green boy 풋나기 복서 그린 혼 (green-horn) 이라도 한다.

●그리즈 (grease) 복서의 얼굴이나 몸에 바르고 상대의 펀치가 미끄러지게 하기 위해서 사용하는 와세링 등의 기름

●글래시 · 아이 glassy eye 복서가 지쳤을 때 나타내는 힘없는 눈.

●그로우잉 groin 대퇴부에서 하복부

●그로기 groggy 뇌신경에 충격을 받아 발이 풀리는 상태

●그라운드 로진 ground rosin 링 안에서 복서가 발이 미끄러지는 것을 방지하기 위해서 사용하는 송진가루.

●가아딩 guarding 방어의 하나 상대가 치고 올 때 이쪽에서 팔을 뻗어 상대의 펀치 위력을 약하게 하거나 피하는 기술.

●가트 gut 근성이 강하다.

●개런티 guarantee 복서의 시합 출장금

■ H

●핸드 · 랩 handwrap 복서의 손 관절을 지키기 위해서 감는 붕대나 테이프의 총칭.

●핸드러즈 handlers 복서의 매니저, 트러이너 혹은 세컨드 등의 총칭

●해머 아웃 hammer out 강하게 치고 감는다.

●헤이매커 haymaker 상대를 쓰러뜨리는 강타, 스윙.

●항 업 hang up 글러브를 벗는다. 복싱을 그만둔다는 의미에도 사용된다.

●햄 엔드 에거 ham and egger 평범한 복서.

●헤어 · 브리즈 · 에스카프 hair breadth escape 위기 일발에서 위기를 면한다.

●헤크틱 라운드 hectic round 몹시 흥분한 라운드.

●힐링 heeling 글러브를 편 체 손바닥부분으로 치는 반칙

●헤어라이너 headliner 톱 크라스의 복서

●헤드 · 기어 head gear 복서의 두부와 안면을 보호하는 피제 헬멧트.

●헤비 · 백 heavy bag 라미와 같은 것으로 가죽 또는 즉크 부대속에 매워서 복서가 펀치나 자세를 연습하는 도구.

●힛트 더 딕크 hit the deck 노크라운. 힛트 더 다스트(hit the dust)라고도 한다.

●호리존탈 · 파이터 horizontal fighter 잘 넘어지는 복서.

●훅 hook 손 팔을 낚시바늘처럼 하여 근거리에서 짧게 치는 펀치

●홀딩 holding 상대의 몸이나 손을 누르거나 잡는 반칙

●후드럼 hoodlum 비틀거린다.

●후그 hug 홀드

●험딩거 humdinger 깨끗한 유효타.

●햄 ham 빈약한 복서

●힉크 hick 무지하고 교양 없는 복서

■ I

●인파이트 infight 상대의 팔이나 손안쪽으로 들어가서 싸우는 기술.

●인 코맨드 in command 시합의 주도권을 잡는다.

●인사이드·패리 inside parry 상대가 왼손으로 치고 오는 것을 오른손으로 밖으로 향해 털어내는 방어.

●인스팩터 inspector 복싱시합 계량 등의 감독이나 조사를 하는 코미숀이 임명하는 감시원.

●인 더 노우 in the know 비밀사항.

■ J

●잽 jab 왼손을 똑바로 앞으로 내고 가볍게 상대의 얼굴이나 보디를 치는 펀치

●졸트 jolt 상대를 ko시키지 못해도 거기에 가까운 상처를 주는 펀치. 졸터(jolter)라고 하는 명칭도 있다. 또 쟈링 (jarring) 라고 부르는 일도 있다. 예리하게 짧게 친다고 하는 의미이다.

●죠그 jog 완만한 로드·웍으로 뛰는 일. 스프린트나 샷플에 대한 반대말

●저지 judge 링사이의 대각선에서 심판하는 임원

●쥬리 jury 아마추어 시합의 심판감시 임원

●저지멘트 오브 디스턴스 judgement of distance 상대와의 거리를 목측하는 판단력

■ K

●키드니·블로 kidney blow 신장 부분을 치는 반칙

●킬러·인스팅크트 killer instinct 상대를 살상하는 본능.

●녹크드·콜드 knoked cold 녹아웃과 같다.

●녹·아웃 knockout 상대를 규정된 10초간 링에 치고 쓰러뜨리는 것. 훌륭하다. 압도적이라는 의미에도 사용된다.

●녹·다운 knock down 펀치를 맞아 넘어지는 것.

●녹·실리 knock silly 통격(痛擊)을 받는다.

●노우·하우 know -how 복싱을 이해하는 능력 지식

●너클·파트 knuckle part 주먹의 제1·제2의 관절 사이의 부분.

■ L

●람베스트 lam bast 상대를 치면서 감는다.
●라라필자 Lallapalooza 땅을 진동시키는 훌륭한 펀치.
●레이드 아웃 스테이프 laid out stiff 혼도(昏倒)한다.
●레이오프 Lay-off 쉬는 것.
●런텐·죠 lantern jaw 약한 턱
●랜드 어 펀치 land a punch 펀치를 친다.
●롱·렌지 복싱 long-range boxing 떨어져서 싸우는 복싱
●레버레지·가아드 leverage guard 상대가 치고오는 순간 자신의 팔을 뻗어 상대의 펀치의 힘을 죽이는 방어법
●린버링·업 linbering up 몸을 가볍게 푸는 유연 체조 등을 말한다.
●레딩 leading 리이드·오프(lead·off)와 같은 의미
●라이센스 license 프로·복싱에 종사하는 임원과 복서 등의 면허증.
●리버 펀치 liver punch 간장을 치는 펀치
●릿크 힘 아웃 lick him out 상대를 치고 쓰러뜨리는 속어
●리틀·치킨 little chicken 팬터급이 최경량이어서 그 체급의 선수를 보고 비웃는 속칭
●로저 loser 패자
●로·블로 low blow 뱃꼽 밑을 치는 반칙
●로지컬 콘텐더 logical contender 자격을 갖춘 도전자
●러스트·펀처 lusty puncher 맹렬한 강타자.
●라이트링·패스트 lightning fast 전광처럼 빠르다.

■ M

●맷치·매이커 match maker 시합의 구성을 전문적으로 취급하는 사람
●마아크 mark 명칭, 득점이라는 의미도 있다.
●마네버어드·블로 maneuvered blow 충분히 책략을 세운 펀치
●머라아 mauler 난폭한 것

●매인 · 이벤터 main eventer 주요 프로그램에 출장하는 복서. 매인 바우터(main bouter)라고도 한다.
●매킹 · 어 피스트 making a fist 주먹을 조르고 잡는 것.
●매드 · 스크램블 mad scramble 맹렬한 교전
●매저링 measuring 상대와 거리를 잰다.
●맨터 mentor 복싱의 지도자
●마우스피스 mouthpiece 복서의 입안의 부상을 방지하기 위해서 사용되는 고무제 방구. 복서의 선전계라는 의미에도 사용된다.
●무처 moocher 무료 입장권을 요구하는 남자
●믹스 · 업 mix up 기술을 초월한 교전
●믹시드 · 매치 mixed match 백인과 흑인과의 시합
●미드섹션 midseetion 복부
●무브 · 어라운드 move around 상대의 주의를 빙빙 도는 풋 · 워크
●미스매치 mismatch 실력의 차이가 너무 큰 게임
●머쥬 mush 얼굴이나 입의 별칭
●머스클리 파티규 muscular fatigue 근육에 노폐물이 모여 근육의 평상 기능을 잃은 컨디션

■ N

●니어 · 풋 near foot 복서가 나갈라고 하는 방향에 가까운 발.
●뉴스페이퍼 · 디시젼 newspaper decision 신문판정
●뉴트럴 · 코너 neutral corner 중립의 코너
●나임블 · 풋 nimble foot 민첩한 발.
●노드 nod 심판의 판정
●노 · 디시젼 no decision 무판정
●노 · 콘테스트 no contest 무효시합
●누들 noodle 머리부분. 전환시켜 바보.

■ O

●오프 · 밸런스 off balance 몸의 균형이 잡혀 있지 않는 상태
●오펜스 offense 공격.

●오피셜 official 시합 임원. 심판

●원·투 펀치 one-two punch 왼쪽 잽에 이어서 오른쪽 스트레이트를 치는 펀치

●원·투·트리 one two-three 계속해서 왼쪽 잽, 오른쪽 스트레이트, 왼쪽훅, 왼쪽 잽. 왼쪽 훅에 오른쪽 스트레이트를 구성시켜 치는 연타.

●온 포인트 on point 판정에서……

●온 어 디시젼 on a decision 판정에서……

●올드·타이머 old timer 전성기를 보낸 복서.

●온 가아드 포지션 on guard position 대비자세. 펀더맨탈·스탠스(fundamental stance)라고도 한다.

●오소독스 스탠스 orthodox stance 왼손, 왼발을 먼저내는 오른손잡이의 자세

●어포넨트 opponent 시합상대

●아웃스탠딩·복서 outstanding boxer 최우수의 복서

●아웃·복스 out-box 상대를 기술적으로 감아치는 것으로 out에는 바깥쪽이나 외부라는 의미는 없다. 아웃·리치(out reach)는 상대보다 손이 뻗는 길이가 우수하다는 의미.

●아웃·포인트 out point 상대를 기술적으로 지게하는 것.

●오버·웨이트·매치 over weight match 체중제한외의 시합으로 캐치 웨이트 매치 (catch weight match)와 같은 의미.

●오버·트레잉 over train 연습과다.

●오버 매치 over match 시합과다.

●온 더 록 on the rock 로프에 허리를 떨어뜨리는 일.

■ P

●패싱 pacing 자신의 작전대로 움직인다.

●파암 palm 손바닥

●페이퍼·웨이트 paper weight 현재의 프라이급의 옛 호칭

●파아링 parring 상대의 펀치를 손으로 털어내는 방어. 옛날에는 쇼빙(shoving) 이라고 했다.

●피어 식스 · 브롤 pier six brawl 난투 시합. 뉴욕항 6호 다리의 하역자들의 싸움에서 온 속어
●필로우즈 pillows 연습용의 큰 글러브
●파일 업 포인츠 pile up points 득점으로 리이드한다.
●핀닝 pinning 상대의 손이나 몸을 누르고 공격을 막는다.
●피존 · 토오드 pigeon toed 굽어진 다리. O형의다리
●피크 오브 그레트니스 peak of greatness 전성기, 컨디숀이 최고로 좋은 상태.
●피보드 블로 pivot blow 몸을 뒤로 1회전시켜 그것을 앞으로 끌어당기는 반동으로 손등으로 치는 반칙
●포퓨러 바딕트 popular verdict 누구나 납득하는 타당한 판정
●포오트사이더 portsider 왼손잡이 복서
●프로모터 promoter 시합의 주최책임자. 흥행사.
●프라임 컨디션 prime condition 최고의 상태
●프로텍션 컵 protection cup 하복부를 보호하는 방구. 미국에서는 파울 · 플로 · 프로텍토 (foul-proof protector)라고 부른다.
●프리리미너리 바우트 preliminary bout 전좌시합(前座試合)
●펩 · 업 pep up 지친 복서에게 원기를 내도록하는 함성
●포오크 엔드 빈즈 pork and beans 세 푼짜리 복서
●프론 prone 얼굴을 앞으로 기울이는 자세
●퍼지리즘 pugilism 복싱의 옛명칭
●퍼스 purse 복서의 시합수입. 세푼짜리 복서의 수입은 사이몬 · 퍼스 (simon purse)라고 한다.
●펌멜 pummel 상대를 난타한다.
●펄링 · 펀치 pulling punch 펀치의 손 가감으로 교차하는 행위
●피니스멘트 punsiment 손상
●펀치 punch 타격
●펀처 puncher 강타 복서
●펀치이 punchy 머리가 돈 복서
●펑크 punk 기량이 없는 복서

●펀치 · 레지스텅스 punch resistance 펀치를 견디는 지구력

●펀치 · 드렁크 punch-drunk 뇌장해로 사고력도 동작도 둔해진 사람.

■ R

●라비트 · 펀치 rabbit punch 귀 뒤에서 목줄을 치는 반칙. 라비트 킬러(rabbit killer)라고도 한다.

●렁기 · 보이 rangy-boy 장신의 복서.

●렌지 range 상대와 대치한 거리. 인·렌지 (in range)는 칠 수 있는 거리, 크로즈·렌지 (close range)는 접근전, 아웃·오브·렌지 (out of range)는 칠 수 없는 거리. 이렇게 세 가지로 나눌수 있다.

●리치 reach 손이 닿는 범위

●리랙스 relax 기분과 몸을 편히한다

●랙숀 · 타임 reaction time 반사 운동을 일으키는 순간.

●리테인 어 타이틀 retain a title 왕자를 지킨다.

●리턴 · 매치 retwrn match 재전(再戦)

●레프리 referee 링 안에 있는 심판

●링스터 ringster 한 패의 도당

●리타이어 retire 은퇴 또는 기권.

●링 · 캐리어 ring career 시합경험

●링 · 크랖트 ring craft 시합책략

●링 · 제네널쉽 ring general ship 시합전략

●링 · 어버트레터 ring arbitrator 링의 독재자처럼 강한 복서.

●링 · 매너 ring maner 시합태도

●링 · 네임 ring name 복서의 예명

●링 · 돔 ringdom 복싱계

●링 · 사이드 · 시트 ring-side seat 복싱 시합의 최상의 자리.

●리벤지 · 파이트 revenge fight 유한시합(遺恨試合)

●라이트 · 크로스 right cross 상대의 왼쪽 잽을 스릿프하여, 왼쪽 훅을 상대의 팔 너머로 턱을 치는 카운터

● 로프 다운 rope down 로프에 기댄 채 전의를 상실한 상태. 주심이 카운트를 하게 된다.

● 로링 rolling 상대가 펀치를 치고 올 때 몸이나 머리를 그 펀치가 나가는 방향으로 움직여 펀치의 위력을 감살하는 방어.

● 록카웨이 rockaway 상대의 스트레이트를 상체를 뒤로 젖히고 막는 방어.

● 라운드 round 복싱의 시합시간 3분. 때로는 2분.

● 로오브 robe 선수의 까운.

● 록·스텝 rock step 몸의 위치를 바꾸지 않고 발로 박자를 맞추면서 몸을 가볍게 움직이는 운동.

● 로프·스키핑 rope skipping 줄넘기.

● 로우그·엔드·텀블·파이트 rough and tumble fight 거치른 교전.

● 알·에스·씨 R.S.C 영국에서는 아마추어와 같다. T.K.O. 레프리가 시합을 중지시키는 것.

● 러버·매치 rubber match 세 번째 얼굴을 맞대는 시합.

● 러버리·레그 rubbery Leg 탄력성이 없어진 발 상태.

● 런너·업 runner up 준우승.

● 러브·다운 rub down 맛사지.

● 러그드·파이터 rugged fighter 몸이 완강한 복서.

■ S

● 스코어·카드 score card 심판채점표.

● 스크레퍼 scrapper 복서의 속칭.

● 사이엔티휘크 복서 scientific boxer 기술이 좋은 복서. 과학적인 복서.

● 세컨드 second 복서의 후견역.

● 세미·와인드업 semi-windup 부르는 시합 전에 하는 시합. 세미·파이날(semi-final)과 같음.

●세미－크러치 semi-crouch 자세를 약간 앞으로 기울인 스탠스.
●셋숀 session 시합의 라운드.
●셀 업스 set-ups 두 개 이상의 타격을 혼합한 공격.
●싯사링 · 펀치스 scissoring punches 좌우에서 협공하는 듯이 서로 감아치는 펀치.
●사이드 · 스텝 side step 발을 옆으로 바꿔 밟은 방어.
●사이드 · 위러 side-wheeler 왼손잡이.
●사이드와인더 sidewinder 강한 스윙 타격.
●샤프 · 슈터 sharp shooter 왼쪽 잽을 잘하는 복서.
●세킹 · 오브 · 핸즈 shaking of hands 악수를 한다.
●새도우 복싱 shadow boxing 가상의 상대를 설정하고 혼자서 복싱 공방의 연습을 한다.
●스쿨링 schooling 복싱을 순서 바르게 규칙적으로 가르친다.
●슈랙킹 shellacking 패배.
●세입프 shape 몸 상태가 아주 좋음.
●셔플 shuffle 풋 워크의 박자를 갑자기 올린다.
●쇼트 · 리브스 short ribs 늑골의 제일 하부.
●시프트 shift 발 위치를 바꾼다. 대표적인 것에 드롭 · 시프트 (drop shift)라고 해서 상대가 왼손으로 치고 올 때 왼발을 약간 뒤로 빼고 왼발을 한발 앞으로 바꿔 딛고 상체를 앞으로 숙이고 상대에게 반격한다.
●스람 · 힘 slam him 상대를 강타한다.
●스람 · 방 slam-bang 서로 격렬하게 치는 것.
●슬리핑 sliipping 상대의 펀치를 얼굴이나 몸을 옆으로 빠져 피하는 방어.
●슬러거 slugger 강타자. 서로 치는 난투를 잘 하는 복서.
●슬러그 아웃 slug out 감아친다.
●슬러그 · 페스트 slug-fest 서로 격렬하게 치는 것.
●슬로우 · 무빙 · 헐크스 slow-moving hulks 동작이 느린 복서.
●슬로피 · 컨디션 sloppy condition 단정하지 못한 체조(体調)

●슬러그 · 너티 slug-nutty 뇌장해를 일으키고 있는 복서.

●스킬 skill 숙달.

●스키니 프램 skinny frame 여위고 몸이 작다.

●스멜링 · 솔트 smelling salt 기진맥진이 된 복서의 코에 대는 정신 나는 약

●스내피 · 블로 snappy blow 민첩하고 탄력 있는 펀치.

●속크 sock 강타.

●솔리드 · 블로 solid · blow 강렬한 타격

●솔라 브렛서스 solar plexus 명치

●사우스포 southpaw 왼손잡이 복서.

●속크 · 페드러 sock peddler 프로복서

●스파링 · 매이트 sparring mate 연습상대, 스파링 · 파트너(sparring partner)와 같다.

●스핀 spine 위를 보고 누운 자세.

●스프리트 · 디시젼 split decision 판정이 갈라져서 일치하지 않는 일.

●스포츠맨쉽 sportsmanship 정정당당한 경기정신. 뛰어난 기량과 훌륭한 태도의 시합연기.

●스프린 spleen 비장.

●스폰서 sponsor 복싱을 선전광고에 사용하여 그 비용을 부담하는 사람이나 후원자.

●스테블 · 매이트 stable mate 같은 그룹의 친구.

●스탠드 · 업 · 복싱 stand up boxing 똑바로 서서 치고 받는 복싱.

●스테미너 stamina 시합을 계속하는 지구력.

●스태거 stagger 펀치를 맞고 비틀거리는 상태.

●스탤니스 staaleness 몸의 생기를 잃고 침체된 상태.

●스탠자 stanza 승부가 구별되는 라운드.

●스톡키 · 보이 stocky boy 완고한 체격을 가진 복서.

●스툴 stool 링 코너에서 복서가 앉는 의자.

●스트라테지 strategy 시합전략

●스트렛칭 · 엑서사이즈 stretching exercise 몸의 근육을 펴는 체조.

●선데이 · 펀치 sunday punch 가장 잘하는 펀치.
●서스펜숀 suspension 출장 정지 처분.
●스퀴어드 · 서클 squared circle 링.
●스위트 셔츠 sweat shirts 땀을 제거하는 셔츠.
●스위치 · 힛터 switch hitter 좌우로 자세를 바꿔 치는 복서.

■ T

●타겟트 target 펀치를 치는 목표.
●탱크 파이트 tank fight 가짜시합.
●택티크스 tactics 책략.
●탁투잉 · 블로 tattooing blow 연타.
●테크닉 tachnic 기교.
●텔레그라핑 블로 telegraphing blow 상대가 치고가는 것을 아는 타격.
●슬로 · 어 펀치 throw a punch 타격을 친다.
●슬로 인 더 스폰지 throw in the sponge 링에 스폰지를 던져 넣어 기권의 의사를 표시한다. 타올을 던지는 것도 같다.
●타이머 timer 계시원.
●타이밍 timing 펀치를 치는 간격.
●팁 톱 컨디션 tip-top condition 최고의 상태.
●테크니컬 노크아웃 technical knockout 약칭 TKO. 기량에 너무 차이가 있거나 부상으로 인해 시합을 계속할 수 없을 때 레프리가 시합 중지를 선고한다.
●토오 투 토오 파이트 toe to toe fight 격렬한 시합.
●토세스 · 펀치스 tosses punches 서로 펀치를 교환하는 것.
●토스 타웰 인투 링 toss towel into ring 타올을 링에 던지고 기권한다.
●톱 노치 복서 top notch boxer 일류선수.
●터프 · 가이 tough guy 씩씩하고 강한 남자.
●트레이너 trainer 선수의 지도역.

●**트래핑** trapping 책략으로 한 잔 먹인다.
●**트라이얼 · 호오스** trial horse 힘을 시험해보는 상대.
●**트리플 · 블로** tripple blow 삼단치기.
●**트리운스** trounce 치는 것.
●**트렁크** trunk 동체.
●**트렁크스** trunks 복서가 착용하는 팬티.
●**턴 · 업 파이트** tune up fight 상태를 보는 시합.

■ U

●**어나니마우스 · 디시젼** unanimous decision 심판 전원의 의견이 일치된 판정.
●**언디수퍼티드 · 디시젼** undisputed decision 이의 없는 판정.
●**언더도그** underdog 시합의 패자.
●**어노스독스 · 포지션** unorthdox position 왼손잡이 자세.
●**어퍼컷** uppercut 밑에서 위로 쳐올리는 타격.
●**어프라이트 · 포지션** upright position 똑바로 서서 대비하는 자세
●**유우서** usher 시합장의 안내인.

■ V

●**베테랑** veteran 노련자.
●**버딕트** verdict 심판의 판정.
●**빅터** victor 승리자.
●**빅팀** victim 희생자, 패자.
●**보오트** vote 심판의 투표.

■ W

●**웨스트 · 피보트** waist pivot 허리를 회전시켜서 펀치에 힘을 가하는 동작.
●**웰롭** wallop 강타. 강타를 치는 잠재적인 실질(實質)이라는 의미.
●**웜 · 업** warm up 예비운동 또는 상태를 보는 시합. 몸의 근육을

풀거나 중요한 시합 전에 하는 시합.

●워닝 warning 레프리의 시합태도에 대한 경고.

●워쉬드 · 업 파이터 washed up fighter 전성기를 보낸 선수.

●위어리 · 다운 weary down 펀치를 맞아 피로에 지쳐 비틀거리며 쓰러지는 상태.

●위빙 weving 상대의 스트레이트 공격을 머리에서 상체를 앞으로 굽혀 좌우 스릿핑하면서 피하는 고등기술.

●웨 · 인 weigh-in 계량기로 체중을 보는 일.

●웰 타임드 블로 well-timed blow 잘 타이밍을 맞춘 펀치.

●왁크 whack 강타.

●윕 · 펀치 whip punch 탄력 있는 펀치.

●와이어링 크로버 whirling crowbar 직역은 크게 흔들어 돌리는 바알이 되지만 복싱에서는 큰 어퍼커트.

●와이드 마아진 wide-margin 판정내용에 크게 차이가 있는 일.

●와이드 · 오픈 wide-open 방어가 전혀 되어 있지 않은 상태.

●와일드 · 쵸퍼 wild chopper 난타.

●위너 테이크 · 올 winner take all 옛날에 시합에 이긴 선수가 상금을 독차지하는 도박과 같은 시합조건이 있었다.

●와이즈 더크 wise duck 영리한 복서.

●워블 wobble 발이 흔들리는 것.

●웍 아웃 work out 연습.

●리스트 wrist 손목

■ Y

●요켈 yokel 돈을 받지 못하는 복서.

●영스타 youngstar 젊은 복서.

■ Z

●지프 zip 강하게 친다.